本书为中共山东省委党校（山东行政学院）
创新工程科研支撑项目成果

二手住房市场监测预警指标体系研究

以深圳市为例

石庆芳　著

中国社会科学出版社

图书在版编目（CIP）数据

二手住房市场监测预警指标体系研究：以深圳市为例 / 石庆芳著. -- 北京：中国社会科学出版社，2024.5. -- ISBN 978-7-5227-3735-5

Ⅰ. F299.276.53

中国国家版本馆 CIP 数据核字第 2024VV9431 号

出 版 人	赵剑英	
责任编辑	李斯佳	
责任校对	周　昊	
责任印制	戴　宽	
出　　版	中国社会科学出版社	
社　　址	北京鼓楼西大街甲 158 号	
邮　　编	100720	
网　　址	http://www.csspw.cn	
发 行 部	010-84083685	
门 市 部	010-84029450	
经　　销	新华书店及其他书店	
印　　刷	北京君升印刷有限公司	
装　　订	廊坊市广阳区广增装订厂	
版　　次	2024 年 5 月第 1 版	
印　　次	2024 年 5 月第 1 次印刷	
开　　本	710×1000　1/16	
印　　张	12	
字　　数	180 千字	
定　　价	69.00 元	

凡购买中国社会科学出版社图书，如有质量问题请与本社营销中心联系调换
电话：010-84083683
版权所有　侵权必究

前　　言

　　自 1998 年我国住房体系改革以来，伴随住房体制的深化改革，房地产行业取得巨大的进步，住房供给市场发生了很大的变化，由早期的计划经济时代的计划供给方式变为由配置灵活的市场进行分配。房地产市场进入自由选择和交易的时期，新建住房市场飞速发展，极大地解决了住房需求问题。然而，伴随新建住房市场的发展，我国二手住房市场也逐步升温，市场规模逐渐扩大，二手住房交易市场的优势开始显现，尤其是在一些大中城市，二手住房正逐步成为房地产市场的主要组成部分，也越发显得重要，其健康、稳定、可持续的发展有利于完善房地产市场的供给结构、满足不同层次购买力的住房需求。

　　《中华人民共和国国民经济和社会发展第十四个五年规划和 2035 年远景目标纲要》明确提出："坚持房子是用来住的、不是用来炒的定位，加快建立多主体供给、多渠道保障、租购并举的住房制度，让全体人民住有所居、职住平衡。"党的二十大报告中进一步指出："坚持房子是用来住的、不是用来炒的定位，加快建立多主体供给、多渠道保障、租购并举的住房制度。"由此可以看出，加强对二手住房相关方面的研究，构建二手住房监测预警指标体系，并就监测警情情况进行分析，有利于政策的精准调控，避免调控政策主要关注新房的情况，抑制二手住房市场的投机、投资炒作，盘活存量住房，增加在二手住房市场上的供给，充分发挥二手住房的过滤效应，满足不同居民的需求。

　　本书旨在深入系统分析深圳市二手住房的演变趋势、空间特征、影响因素等，在此基础上构建深圳二手住房监测预警指标体系，为加强二手住房市场监测预警调控、抑制二手住房市场的投机炒作以及避免调控政策主要关注新房提供了新思路,为增加二手住房供给主体、发挥二手住房过滤效应、满足不同居民的需求提供了理论支撑。

第一,基于北上广深四个一线城市数据,选用二手住房的成交面积变动来反映二手住房市场的整体变动情况,并从新建住房市场情况、房地产开发企业行为、城市基础建设、经济结构和经济发展水平、金融发展、住房需求情况六个方面进行了实证分析,从而得出以下结论。一是四个一线城市进入以二手住房交易为主体的时期不同,深圳是最早进入二手住房时代的城市,北京2015年后进入,上海正在逐步进入二手住房时代,广州仍然是以新建住房为主。二是二手住房市场与新建住房市场之间存在强烈的联动关系,即新建住房成交面积每增长1个百分点,会提高二手住房成交面积0.9619个百分点。三是二手住房成交面积与新建住房成交价格之间呈现显著的倒"U"形关系,并不是单纯的线性关系,新建住房成交价格在上涨的初期会显著促进二手住房成交面积的增长,即新建住房和二手住房之间互为替代产品;当新建住房价格上涨到一定程度时,则会抑制二手住房成交面积的增长。四是房地产开发企业住宅投资的增加会显著抑制二手住房的成交,金融发展、经济发展水平、城市工资收入水平和常住人口数量的增长等有助于活跃二手住房市场和增加成交规模。

第二,基于深圳时间序列数据,选用二手住房的成交面积变动来反映二手住房市场的整体变动情况,并从二手住房价格波动情况、新建住房市场供求变动情况、房地产开发企业行为情况、居民购买二手住房的支付能力和需求因素情况、城市基础设施与环境改善情况、经济发展情况等方面进行了实证分析,从而得出以下结论。一是深圳2006年逐步进入了以二手住房交易为主体的房地产市场新时代,而且越是城市的核心城区,二手住房占比越大。二是二手住房和新建住房存在密切联动关系,新建住房成交面积每增长1个百分点,会提高二手住房成交面积2.489个百分点。三是二者互为替代产品,新建住房价格上涨幅度每提高1个百分点,会提高二手住房成交面积增速0.496个百分点。四是新建住房供应、城市基础设施的改善会降低对二手住房市场的需求，经济发展水平的提高会增加对二手住房市场的需求，而新建住房空置变动情况、住宅开发投资变动情况、土地出让价格波动情况等指标对二手住房成交面积均具有负向影响，但整体影响效应较小。

第三，基于深圳六区面板数据，选择用二手住房的成交面积变动来反映二手住房市场的整体变动情况，从二手住房价格波动情况、新建住房市场供求变动情况、房地产开发企业行为情况、需求因素情况、城市基础设施与环境改善情况、经济发展情况等方面进行了实证分析，并得出以下结论。一是从各区之间的情况来看，关内的罗湖、福田、南山、盐田四个区二手住房成交面积与新建住房成交面积的比值呈现上升趋势，且上升的幅度较大，但是，罗湖、福田两区的比值高于其他区；关外的两区二手住房成交面积与新建住房成交面积的比值也存在较大差异，宝安区比值总体上呈现上升趋势，但是增长较小，龙岗区比值在2010年后有所下降，但是，在2015年后出现较大幅度上升，且已大于1，有进入二手住房交易为主的趋势。二是各区对比来看，各区二手住房成交面积与新建住房成交面积的比值大小依次为罗湖、福田、盐田、南山、龙岗、宝安，呈递减态势，其中罗湖、福田两区比值较大，远高于其他各区；宝安、龙岗两区比值仍然小于1，远低于其他各区。三是二手住房市场与新建住房市场之间联系密切，新建住房成交面积每提高1个百分点，会带动二手住房成交面积提高0.384个百分点，说明新建住房市场走热会进一步带动二手住房市场走热，但是在幅度上小于新建住房市场。四是二手住房和新建住房互为替代产品，且其替代弹性为0.099，证实了新建住房价格的上涨，会迫使部分购房者从新建住房市场流入二手住房市场，并增加对二手住房的有效需求。五是二手住房市场的需求价格弹性为0.542，即二手住房成交价格每提高1个百分点，会造成二手住房成交面积下降0.542个百分点。六是反映新建住房供应情况的变量对二手住房市场具有抑制效应，而反映新建住房空置面积变动情况的变量对二手住房市场具有促进效应。另外，反映经济发展水平、市场需求和城市人口数量情况的变量对二手住房市场具有促进效应，即有助于活跃二手住房市场和促进二手住房成交量的增加。

第四，利用综合分析法对深圳二手住房监测预警指标体系进行了初步选择，然后利用时差相关分析法根据指标的领先、同步和滞后情况，把监测预警指标分成了先行指标、同步指标和滞后指标；根据时差相关系数的大小，最终筛选确定了以新建住房价格增长率、新建住房可售面积增长率、人均消费支出增长率、财政支出增长率、房地产业增加值增长率、居民存款增长率、住宅开发投资增长率、二手住房交易面积增长率、新建住房交易面积增长率、消费者价格指数、年末贷款余额增长率、利率水平、新建住房竣工面积、二手住房交易价格增长率、新建住房空置面积增长率、住宅用地出让面积增长率16个指标为主体的二手住房监测预警指标体系。

第五，在构建监测预警指标体系的基础上，本书基于三种方法准则和选择原则，结合深圳二手住房市场形势以及各个指标所反映的市场情况，确定了各个监测预警指标警情区间，并依据警情赋值标准对各个监测预警指标年度警情情况进行赋值；利用主成分分析法确定了各监测预警指标的权重，计算得出监测预警指标的综合得分情况，以及先行指标、同步指标、滞后指标的得分情况；根据确定的警情得分和判断情况，结合各年度房地产市场走势和调控政策情况，对各个监测预警指标以及综合、先行、同步等指标的走势、原因等进行详细、系统分析。结果表明，本书构建的监测预警指标体系总体上符合深圳房地产市场现实和发展规律，对二手住房市场科学的监测预警调控具有一定的借鉴和指导意义。

第六，从量上看，深圳二手住房成交面积占房地产交易的比重会继续稳步上升，在房住不炒的定位下，二手住房的过滤效应会进一步得到充分体现。从房价上看，未来房价被严厉管控的态势短期内不会改变，中长期可能会放松管控的幅度，但不会出现大幅上涨，这是由宏观经济基本面和为实现更好的宏观经济基本面共同决定的，否则，房价上涨就是空中楼阁，必然坍塌。

第七，本书在理论分析和实证分析的基础上提出了其中蕴含的政策建议。

目　录

第一章　绪论 ………………………………………………… 1

 第一节　选题背景 ……………………………………… 1
 第二节　本书研究的基本方案 ………………………… 3
 第三节　研究意义及应用前景 ………………………… 6
 第四节　概念界定及相关研究文献梳理 ……………… 7

第二章　我国二手住房市场现状特征及影响分析 ………… 25

 第一节　我国二手住房市场现状 ……………………… 25
 第二节　文献综述 ……………………………………… 32
 第三节　计量模型的设定、说明及描述性分析 ……… 35
 第四节　对我国二手住房市场影响因素的实证分析 … 41
 第五节　本章小结 ……………………………………… 50

第三章　深圳二手住房市场现状特征及影响分析 ………… 53

 第一节　深圳二手住房市场现状特征 ………………… 53
 第二节　深圳二手住房市场影响因素 ………………… 58
 第三节　计量模型的设定、说明及描述性分析 ……… 75
 第四节　对二手住房市场影响因素的时间序列分析 … 80
 第五节　本章小结 ……………………………………… 86

第四章　深圳二手住房市场空间特征及影响分析 ………… 89

 第一节　深圳二手住房市场的空间特征 ……………… 89

第二节　相关文献综述 …………………………………………… 94
第三节　计量模型的设定、说明及描述性分析 ………………… 95
第四节　对二手住房市场影响因素的面板数据分析 …………… 99
第五节　本章小结 ……………………………………………… 112

第五章　深圳二手住房监测预警指标体系的构建 …………… 115

第一节　引言 …………………………………………………… 115
第二节　指标体系建立的原则与依据 ………………………… 116
第三节　指标体系选择方法与筛选流程 ……………………… 117
第四节　深圳二手住房监测预警指标体系的构建 …………… 123
第五节　本章小结 ……………………………………………… 124

第六章　深圳二手住房监测预警系统综合评价分析 ………… 126

第一节　预警指标界限值的确定 ……………………………… 126
第二节　基于主成分分析法的二手住房监测预警
　　　　指标权重确定 ………………………………………… 130
第三节　监测指标的警情分析 ………………………………… 136
第四节　本章小结 ……………………………………………… 159

第七章　结论与政策建议 ………………………………………… 160

第一节　结论 …………………………………………………… 160
第二节　政策建议 ……………………………………………… 164

参考文献 ………………………………………………………… 166

后　　记 ………………………………………………………… 182

第一章　绪论

第一节　选题背景

自 1998 年中国住房制度改革以来，伴随住房体制的深化改革，房地产行业取得了巨大的进步，住房市场发生了很大的变化：一是社会上大多数人的住房问题由配置灵活的市场来解决；二是新建住房市场快速发展，现代化的住房理念从大城市不断地向中小城市传播；三是中国房地产市场经过二十多年的发展，社会上的住房存量不断增加，且规模已相当巨大；四是伴随城镇化不断推进、房价迅速攀涨以及住房存量规模的扩大，后迁移进城的人买不起大房、新房，只能选择购买小而较差的二手住房，由此二手住房市场逐步活跃升温；五是在一线大城市，由于房地产市场开发较早，核心城区内房地产市场已经开发完毕，楼市已经较为成熟，也造成想买房只能购买二手住房，而且目前北京、上海、深圳等城市二手住房成交量已远超过新房成交量，而且这一趋势正在向二线城市蔓延。

从国际上看，二手住房和新建住房成交面积的比值是体现房地产市场发展阶段和成熟度的主要标志之一。目前，在房地产市场发展较为成熟的美欧等发达地区，二手住房是房地产市场交易的主体，占整体房地产交易总量的 80% 以上，而中国经过二十多年的发展，这一比值在 2020 年仍不足 40%。因此，伴随中国城镇化的继续推进和房地产市场的快速发展，市场上会产生更多的购房需求，也会有更多的潜在二手住房供给。从图 1-1 可以看出，2011 年中国城镇人口首次超过农村人口，城镇化率达到 51.83%，且每年在以超过 1 个百分点的速度快速增加。与此同时，2011—2020 年中国新建住房成交面积也大幅增长，年均成交面积达 12.63 亿平方米。新建住房的成交面积，未来将变为二手住房的潜在供给，新迁移的城镇人口未来将变为潜在的购房需求者，因此，预计未来二手住房市场会越来越活跃，并会逐步取代新建住房成为房地产市场的交易主体。

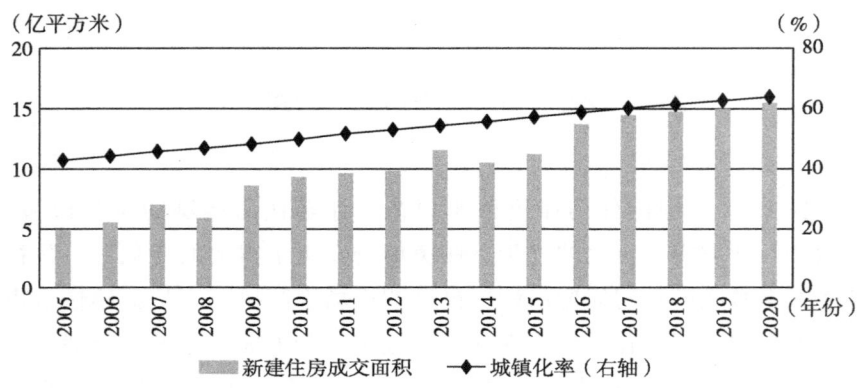

图 1-1　中国近年来城镇化水平和新建住房成交面积情况

深圳作为中国的经济特区和一线城市，其二手住房成交面积早已超过新建住房成交面积，从图 1-2 可以看出，深圳二手住房成交面积占比在 2006 年首次超过新建住房后，便有起有落，但除 2008 年外均高于新建住房。本书发现，二手住房虽作为房地产市场的交易主体，但有关二手住房监测预警的研究较少，更多的研究集中在新建住房监测预警等方面，这同二手住房的快速发展不相匹配。因此，继续使用原有的监测预警体系，不能更全面地反映整体房地产市场，也不利于准确地对房地产市场进行分类调控。基于上述分析，本书对深圳二手住房市场进行剖析研究，并试图构建监测预警体系，既有利于对深圳房地产市场进行准确调控，也有利于对全国越来越活跃的二手住房市场进行监测预警和分类调控。

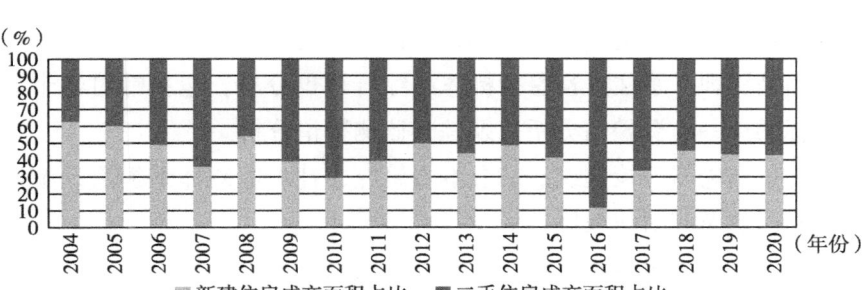

图 1-2 深圳二手住房和新建住房成交情况

第二节 本书研究的基本方案

一 基本内容

根据住房的供给和来源方式，可将住房划分为二手住房市场和新建住房市场。其中，二手住房市场来源于已经成交过的住房，这些房子是第二次或多次被用来交易；新建住房市场直接来源于开发商，是第一次在市场上交易。二手住房的健康稳定发展，有利于满足居民的多层次购房需求，同时可促进新建住房的发展，进而促进整个房地产市场的全面繁荣，真正实现二手住房市场和新建住房市场的联动，带动楼市良性循环。本书依据中国宏观经济新常态、新形势以及深圳的宏观情况，坚持"房子是用来住的，不是用来炒的"的定位，借鉴国内外研究经验，深入开展深圳二手住房市场监测预警体系研究。

一是房地产市场监测预警相关理论评述和借鉴，包括房地产市场监测预警理论、监测预警指标体系研究及监测预警方法综述。

二是深入剖析深圳二手住房市场的演化趋势、空间特征及其影响因素，并构建模型进行实证分析研究，为监测指标体系选择构建提供基础建议。

三是基于经济预警理论的深圳二手住房预警指标体系设计，包括指标体系建立的原则与依据，指标体系的选择方法及筛选流程，二手住房市场监测指标的选择，监测指标体系的构建。

四是深圳二手住房预警指标体系综合评价分析，包括针对各个监测指标的单一监测警情分析以及综合监测警情分析。

五是结论与政策建议。结合本书研究，针对监测体系提出政策调控干预时点及其对应政策。

二　研究的重点和难点

本书的重点主要包括四个方面。一是多维度、多区域实证分析二手住房市场情况，既注重北、上、广、深四个城市之间的对比分析，也注重深圳整体及市内各区之间的对比分析，从而更好地掌握二手住房市场的运行规律、影响因素等，为本书指标体系的选择和构建提供基础建议。二是构建二手住房市场监测指标体系，一方面，利用综合分析法对二手住房监测指标进行初次筛选，确保指标的全面、不遗漏；另一方面，利用时差相关分析法等，确定监测指标体系的最终范围，并把各指标划分为先行指标、同步指标、滞后指标三类。三是确定综合监测警情评价系统，在确定的监测指标权重、警情界限值基础上进行警情赋值和判断，并从先行指标、同步指标、滞后指标、综合情况四个方面对指标警情情况进行剖析、对比和判断。四是结合本书研究，针对二手住房市场特征，提出有效发挥二手住房市场过滤效应的对策建议。

本书研究的难点主要有：一是我国各大城市主要是从近几年才逐步进入二手住房时代，相关的数据较少，时间维度较短，不利于做趋势分析；二是仅有部分城市进入二手住房市场，不便于做对比分析；三是国内相关方面的研究较少，有关深圳方面的研究几乎没有。

三　研究方法和技术思路

一是文献研究法。系统梳理国内外相关文献，了解、掌握房地产市场、二手住房等相关的现有研究文献。通过对比分析国内外相关研究成果，借鉴经验，进而系统、全面、科学地总结和概括研究问题的现状和最新进展，从而为本书研究找到可拓展的空间。

二是理论分析法。一方面，研究深圳二手住房市场现状、特征及影响因素，并在此基础上针对深圳二手住房市场周期进行研究；另一方面，对房地产市场相关监测预警理论进行深入研究分析，从而为本书研究打下坚实基础。

三是实证分析法。在理论分析的基础上，一方面，借鉴过去国内外房地产市场监测预警指标选择经验，利用搜集的数据，采用综合分析法、相关分析法、聚类分析法等选择、筛选二手住房市场监测指标，并在此基础上构建监测体系；另一方面，数据处理确定各具体监测指标的权重、监测警情界限值等，确定综合监测警情评价系统。

四是比较借鉴法。通过梳理其他城市二手住房市场发展经验，找出二手住房市场发展的内在规律，从而对深圳二手住房市场发展及解决对策提供依据，增强本书研究的实用性和适用性。

本书研究的技术路线如图1-3所示。

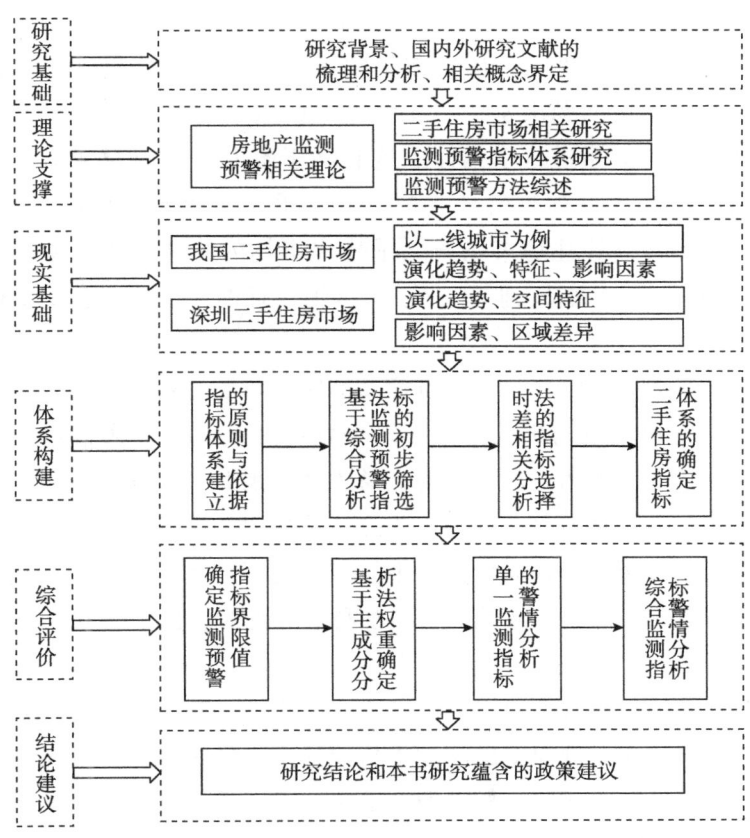

图1-3 技术路线

第三节 研究意义及应用前景

一 本书研究的科学意义及学术价值

一是有利于丰富和完善房地产市场相关理论研究。本书使用严谨、规范的方法对问题进行了相关研究，尤其是针对深圳二手住房市场监测体系构建首次进行系统、规范的分析，具有一定的科学意义。当前国内针对二手住房市场的研究较少，而针对二手住房市场进行监测体系构建的几乎没有，因此，本书的研究有利于丰富二手住房市场相关方面的研究，具有一定的学术价值。

二是有助于解决二手住房市场领域存在的实际问题。本书从二手住房市场实际问题出发，对深圳二手住房市场监测指标进行了筛选，并对监测体系进行了构建。这有利于政府系统科学地对二手住房市场进行监测，对规模日益扩大的二手住房市场能够有的放矢。同时，对促进新建住房市场与二手住房市场的协调发展、构建多层次的房地产市场都起到了一定的作用，促进二手住房市场稳定发展。

三是有助于政府部门有效监管二手住房市场运行。伴随二手住房市场的发展和规模的扩大，在一线大城市和其他一些大城市核心城区，二手住房已成为住房市场的交易主体，因此，怎样有效监管二手住房市场变得刻不容缓。本书在监测体系构建的基础上，进行了综合评价和警情分析，对政府针对二手住房市场调控提出了调控时点和对应政策，有利于政府的政策调控更加科学、准时，由"被动"转变为"主动"。

四是有助于把深圳的二手住房监测预警经验推广到全国。2006年深圳二手住房成交规模就已超过了新建住房，经过十多年的发展，二手住房市场已较为成熟，对深圳二手住房市场展开深入研究分析并总结经验，有助于为其他城市对二手住房进行较好的监测预警提供经验借鉴。

总之，通过对二手住房市场的研究，不仅可以推动二手住房市场和新建住房市场之间的联动，完善深圳的房地产市场监测预警，确保房地产市场健康平稳发展；也有利于更好地让市场解决居民多层次住房需求和改善居民住房条件，对推动深圳经济可持续增长具有极为深远的现实意义。

二 本书研究的应用前景

本书对于深圳二手住房市场运行情况的研究，还具有一定的实践意义。

一是本书通过对深圳二手住房市场的现状、空间特征、周期等进行梳理研究，可以增强各界对深圳房地产市场行情的认识，有利于政府对二手住房市场进行宏观掌握和政策制定。

二是本书从二手住房市场实际问题出发，对深圳二手住房市场监测指标进行了筛选，并对监测体系进行了构建。这有利于政府系统科学地对二手住房市场进行监测，对规模日益扩大的二手住房市场能够有的放矢和开展调控，促进二手住房市场稳定发展。

三是本书对二手住房进行准确及时的监测预警，有利于政府及时应对市场变化，做出科学、准时的调控，变"被动"为"主动"。

四是本书主要针对深圳二手住房市场监测体系的构建，对其他城市也有一定的借鉴性。

第四节 概念界定及相关研究文献梳理

本节首先对二手住房市场进行概念界定和说明；其次对相关研究文献进行梳理总结和分析，主要包括房地产市场监测预警方法、房地产市场监测指标体系、二手住房市场情况研究三个方面。

一 概念界定及说明

（一）二手住房和二手住房市场定义

二手住房，广义上讲是同一手住房或新建住房相区别的一种习惯称谓，通常来说，就是指已经买卖过一次的住房，再次拿到市场交易买卖,就被称作二手住房;比较规范的说法就是已经在房地产交易中心备过案、完成初始登记和总登记的住房,再次在房地产市场进行交易。通常商品住房以及允许上市交易的房改房、拆迁房、经济适用房、自建房、限价房等住房再次供给到市场上用来交易时,被称为二手住房;反之,这些住房若没有用来再次交易,则只能算作住房存量。《住宅与房地产辞典》将二手住房界定为"房地产三级市场中买卖的存量房屋",因此,二手住房实际上是产权明晰、经过至少一手买卖之后再行上市交易的存量房屋的统称。与新建住房相比,二手住房具有三个特点。一是二手住房价格相对便宜。通常价格会低于同区位的新建住房,这在房价普遍较高的今天,很多购房者对新建住房望而却步,不得不退而求其次购买价格相对便宜的二手住房。二是二手住房可选择性更广泛。伴随城市化和房地产业的快速发展,大城市核心城区开发已较成熟,新建住房推盘量和覆盖范围相对较小,而二手住房覆盖范围遍布各区域,从而增强了二手住房的可选择性。三是二手住房设施配套相对更完善。通常来说,二手住房所处社区周边开发建设已较完善,诸如学校、超市、便利店等生活设施以及周边道路环境都已较成熟,生活气息浓厚,购房者可以直接享有这些便利,而购买新建住房从购买到入住需要较长时期的等待(包括交房、装修、晾晒等)。

二手住房市场指拥有住房的企业或个人将住房再次用来转让的市场,即卖方通过售卖的方式,按照市场价格将已经取得的住房所有权一次性转移给买方,包括住房的所有权、使用权以及其他权利。通常来说,二手住房市场上包括三个主体,即二手住房的卖方、中介服务机构、买方。其中,中介服务机构主要负责搜集房源,同时向购房者介绍各类房源信息,增强信息的对称性,促使房屋交易完成,并协助买方办理各类手续等;买方,就是二手住房的需求者,通常会从中介机构获取房源信息,然后决策购买,并在中介机构的协助下,完成各类手续,此外,买方除居住性购房者外,还包括投资、投机性购房;卖方,也就是二手住房的供给者,通常卖方会把信息告知中介机构,以加快房屋尽快成交。

因此，本书所要研究的二手住房是指那些已经买卖过至少一次且产权清晰，并再次供给到二手住房市场上用来买卖的存量住房，二手住房市场就是指用来买卖、完成二手住房交易的市场。

（二）二手住房市场的特点

二手住房市场是房地产市场的重要组成部分，特别是近年来伴随城镇化和房地产的快速发展，一、二线城市核心城区房地产已开发较为成熟，且新房在逐渐减少，更进一步加强了二手住房的重要性。因此，分析总结二手住房市场的特点，有利于掌握二手住房市场内在的运行机制，有利于本书研究更好地构建二手住房监测预警指标体系，具体体现在以下六个方面。

一是反复过滤性。主要指家庭因收入水平处在不同的层次，进而引致对消费需求品质等需求存在层次性，放在二手住房上可以这样理解：伴随经济社会的发展，家庭的收入水平也在不断增长，在这种情况下，高收入水平家庭会倾向于购买更好品质的住房，并把原来的住房供给到二手住房市场上，原中等收入家庭因收入水平提高迈进高等收入层次，也会购买更优品质住房，而原高收入家庭供给到二手住房市场上的住房就是一个较优选择，同时也会把自己的住房供给到市场上；低收入家庭因收入水平提高迈进中等收入层次，同样会购买一个更优品质的住房来改善生活，并把自己的住房供给到住房市场上，卖给更低收入的家庭。这样二手住房市场就因家庭收入水平的不同，分化出对住房品质需求的不同层次，在收入水平的不断提高中，就形成了二手住房市场的反复过滤性。经济学家海布伦（Heibrun，1974）也对二手住房的过滤效应进行了研究，并就此认为较高收入水平的家庭迁出原住房后，空出的原住房对较低收入的家庭而言能够以较低的成本入住。鉴于二手住房市场的反复过滤性，政府在对二手住房进行监管时，就需要确保二手住房市场的过滤效应和运行机制畅通，这样才能满足市场上不同收入层次家庭的住房需求，让人们的生活不断得到改善。

二是信息不对称性。在这里主要指由于二手住房供给者会倾向于将对自身有利的信息供给出去，并有意隐瞒不利信息，而本就信息较少的二手住房购买者，会处于更加不利的地位。二手住房不像新房市场，购房者可以相互交流，可以从开发商售楼处获取更多、更完整的项目信息，而且开发商作为大型企业也会考虑到自身的信誉等问题，不会有太多的隐瞒。从博弈论的角度来看，二手住房的买卖双方都知道是一次性交易，卖房只要把房子卖出去且能够达到自己预期利益就可以了，这样就使卖房者仅发布对自身有利的信息，而购房者由于掌握的信息较少，就很难通过多次的讨价还价博弈获取更多利益。具体而言，由于深圳是一个快速发展的特殊城市，加之我国的体制特殊性，造成了二手住房市场上供给的房屋来源权属情况、产权性质等十分复杂，如小产权房、商品房、安置房、保障房等，甚至有些房屋已经做出了相应的抵押、一房多卖等，而购房者想要了解房屋的产权情况、建设年代、建筑面积等信息，通常只能向卖房者了解。而房屋的卖方会出于自身利益的考虑，可能会有意隐瞒对房屋不利的信息，从而造成二手住房市场出现道德风险，侵害了买房者的利益，扰乱了二手住房市场秩序。阿克洛夫对信息不对称现象进行了研究和阐述，并把由买方和卖方之间因信息不对称而可能导致的逆向选择现象，归结为"柠檬市场"（Akerlof，1970）。国内学者就二手住房信息不对称问题也进行了相关的研究，并指出我国二手住房市场存在"高价柠檬"悖论，即买房者知道自己难以掌握更全的房屋信息，所以不愿意出高价购买房屋，这样就造成了较好房屋的供给者达不到预期收益不再愿意供给，而低质量房屋则充斥市场，逆向选择由此出现。因此，政府作为二手住房市场的监管者，应加快建立二手住房市场的信息披露制度，规范中介机构信息发布机制，避免二手住房市场因信息不对称导致柠檬市场。

三是对中介机构依赖性较强。由于买卖双方信息的不匹配、不对称，卖方要把房屋最快卖出去就需要让中介机构帮忙，同时也可以降低自己的售卖过程成本；由于购买二手住房的各项手续、获取房源等都较为麻烦，而买房者对这些往往又不太了解，这时候就需要中介机构的房地产经纪人协助完成。在上述两个方面因素的影响下，二手住房的买卖双方均需要与中介机构合作来完成。因此，政府监管二手住房市场，首先就是要监管、规范中介机构和中介机构的经纪人。

四是交易成本转嫁后移性。依据我国现行的房地产相关税收制度，房地产的税费是在流通环节产生的，没有成本。近年来我国正处在城镇化和房地产业快速发展期，加之货币供给增长较快，住房整体处在房屋供不应求、房价上涨阶段，而深圳市这一现象尤为明显。因此，我国二手住房市场整体属于卖方市场，卖方在供求关系中占据主导地位，从而造成了卖房者在卖房过程中，只需要考虑自己的购买、装修以及当前市场情况等因素，决定自己卖房的到手钱数即可，其他由买卖产生的各项费用，全部转交给买房者承担。因此，政府若要增加市场供给，充分发挥二手市场的过滤性，还需要降低流通环节的税费，同时增加持有环节的费用。

五是二手住房购买者受传统思想影响。在买卖过程中，人作为交易的主体，除考虑当前市场的活跃成分和未来的预期外，还受到自身的消费理念、思想观念等影响，在二手住房买卖过程中尤为明显。对购房者来说，更多倾向于购买新房，存在"买新不买旧"的观念，尤其是婚房购买者等。此外，购房者还存在"买大不买小""一次性到位"等观念，以及受各种道听途说的各类风水信息影响。

六是竞争相对充分。新建住房供给来源较为单一，主要由开发商供应，而二手住房的供应却是由众多的需要出售住房持有者供给，来源较多；二手住房的买方同样如此，由众多的需要购买住房的需求者组成。总的来说，二手住房买卖交易主体包括个人（占多数）、各类单位、各类大中小企业等。由于交易主体众多且多元化，从而造成买卖双方相互之间都可以有更多的选择，进而增强了买卖的竞争性。

（三）二手住房市场与新建住房市场关系分析

住房是一种特殊的商品，既有着普通商品的共性，属于消耗性商品，同时又有着自身的特性，具有保值增值的特性，属于投资性商品。这就决定了二手住房并没有因时间流逝而价格下降，而且与同区位的新建住房相比使用功能也没有太大差别，从而造成了二手住房和新建住房市场之间存在密切联系，具有较强的互动性。二手住房是住房市场的重要组成部分，尤其是在成熟的房地产市场中，更是以二手住房交易为主体，新建住房只是起辅助性作用，例如欧美等发达国家，二手住房成交量占80%以上。目前我国一线城市和部分二线城市二手住房成交量已超过新建住房，但是，新建住房在市场上仍然起着重要作用，在价格、活跃度上具有较强的引领性。这也就决定了二手住房和新建住房之间，既有差异，又有较强的互动联系。

本书基于Denise和Willian（1996）的四象限模型，结合深圳市二手住房市场发展情况，对二手住房市场和新建住房市场进行了分析（见图1-4）。

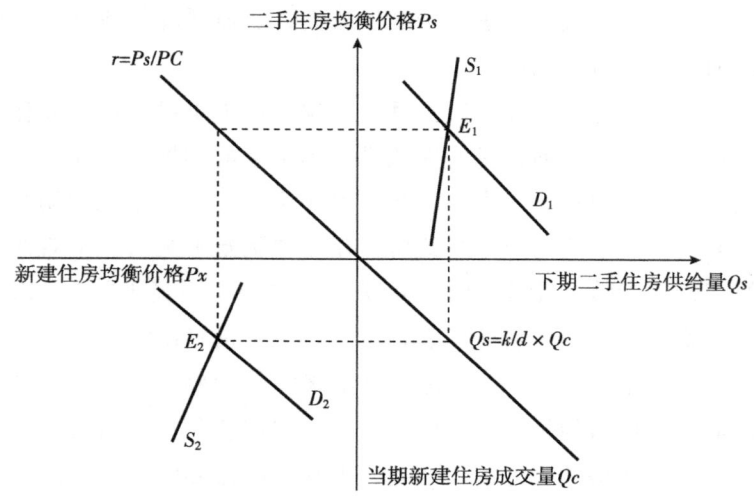

图1-4 二手住房市场与新建住房市场关系的四象限模型

在对住房市场进行分析和构建四象限模型前，进行以下假设：一是二手住房和新建住房价格弹性保持不变；二是二手住房和新建住房价格比值关系不变，用r表示；三是由于新建住房的购买者既有自主性需求，也有投资、投机性需求，因此当期的新建住房会有一部分住房（主要是投资投机性房屋）流入下一期的二手住房市场，假设进入二手住房市场的比例为k；四是新建住房的重置成本保持不变。

第一象限表示二手住房市场供求情况。D_1表示二手住房需求曲线，S_1 表示二手住房供给曲线。因为短期内二手住房市场供给弹性较小，所以，S_1 近似垂直于横轴。E_1 是二手住房需求线 D_1 和供给线 S_1 的交点，也是二手住房市场的供需均衡点。

第二象限表示二手住房与新建住房价格的比价关系。以 r 表示二手住房和新建住房市场均衡时住房价格的比值，Ps 表示二手住房均衡价格，Px 表示新建住房均衡价格，则 $r=Ps/Px$，可以看出，这是一条由原点出发的直线。通常情况下，新建住房均衡价格会高于二手住房价格，而住房的价格也不会等于0，所以 $0<R<1$。

第三象限表示新建住房市场供求情况。D_2 表示新建住房需求曲线，S_2 表示新建住房供给曲线。将第二象限价格比值关系 r 引至 S_2，得到一个交点 E_2，即新建住房市场供需均衡点。

第四象限表示二手住房和新建住房之间的转化。Qc 表示当期新建住房成交量，Qs 表示下期二手住房供给量，k 表示灭失率，即二手住房出清情况，kQs 表示二手住房出清量，则可得出：$Qs=k×Qc+（1-d）×Qs-1$。假设上一期二手住房全部出清，即 $d=1$，则新建住房成交量与二手住房供给量的关系为：$Qs=k×Qc$，可以表示为一条由原点出发的直线。通常情况下，在成熟的房地产市场，二手住房的供给当期和下一期差别不大，几乎相等，即 $Qs=Qs-1$，则 $Qs=k×Qc+（1-d）×Qs$，所以 $dQs=k×Qc$，$Qs=k/d×Qc$。由此可以看出，二手住房的供给量由上一期的市场出清情况和新建住房成交量的转化情况共同决定的。

通过上述分析可以看出，二手住房市场和新建住房市场之间存在较强的互动关系，在价格上，二手住房价格的上涨会带动新建住房价格的上涨，进而带动新建住房供给增加；反之会造成新建住房供给减少。在量上，二手住房供给量与上一期供给售出情况以及新建住房的转化量相关。正是上述价格和量的不断转换，推动了二手住房市场和新建住房市场的良性循环和发展。鉴于此，二手住房市场的供给几乎无弹性，因此，关键点是通过政策等推动供给曲线的移动，挖潜存量增加供给。

同时，我们也应该注意，上述四象限模型分析是假定房地产市场是成熟的。目前,我国房地产市场仍处在快速发展的阶段,即便是北京、上海、深圳等一线城市,房地产市场也只能说较为成熟,新建住房的供给量仍然较大,二手住房受新建住房影响更大。总的来说,二手住房市场的发展,既要盘活二手住房的存量,又要促进二手住房的需求,推动二手住房市场良性发展。

二 房地产市场监测预警方法综述

房地产市场监测预警作为经济监测预警中很重要的一个分支,房地产预警的基础理论起源于经济预警理论的研究。在房地产市场的监测和预警当中,上述宏观经济预警研究理论与方法已被广泛运用,归纳起来,房地产市场预警方法主要有四种,分别是景气指数预警法、统计预警法、经济计量预警法和交叉学科预警法。其中,应用最为广泛与普遍的方法是以景气循环理论为基础,对先行指标进行预警,在指标的分类及选取方面,多数选用聚类判别分析法以及主成分分析法。

(一) 四种房地产监测预警方法

1. 景气指数预警法

该方法使用最为普遍,我国自 1994 年起,先后发布了全国性的中房、国房指数,地方性的上房 50 指数、武房指数、北京 30 指数等,在美国描述住宅市场状况的指数主要有 Hedonic 价格指数、RS 指数等。

当前该方法的研究多集中于扩散指数 DI 和合成指数 CI。杨佃辉等(2006)在时差分析确定的先行、同步和滞后指标基础上,构建了扩散指数 DI,综合运用先行指数 DI 和同步指数 DI 来度量房地产市场发展态势。先行指数 DI 可以反映未来房地产市场的景气变动方向;同步指数 DI 则可以客观度量房地产市场的当前景气状况。其中,DI 为某个时期处于上升状态的指标在某类指标(如先行指标或同步指标)中所占的比例。王东、陈诗骏(2007)则认为这种扩散指数 DI 没有考虑指标扩张度的影响,并对该指数进行优化。若第 i 个指标时间序列为 $(x_1^i, x_2^i, \cdots, x_n^i)$,则第 j 年的优化扩散指数为 $DI_j = \sum_{i=1}^{n} w_i$

$U_{ij}/\sum w_i$，其中 w_i 表示指标的权重，采用层次分析法获得；而 $U_{ij} = \left(\dfrac{u_{ij}}{c_i}\right)^I$，$u_{ij} = (x_j^i - x_{j-1}^i)/x_{j-1}^i$ 中，I 为"偏好算子"，反映了主观因素作用的大小，它的选取可依据前一阶段各指标增长率的增长方式而定。当属于等比增长模式时可选等于 1；当前期增长较快而后期增长较慢时可选（0，1）中的适当数值；当前期增长较慢而后期增长较快时，可选大于 1 的适当数值。C_i 为常数，一般在第 i 个指标的波动强度指数中选取最大值或相近数。

Zetland（2010）认为，Case-Schiller 指数能够很好地描述房屋价值的变动，但却不能准确地描述市场的流动性，该流动性不仅指房屋的价格，还包括销售量、交易速度等，因此，他构造了由销售价格中位数、销售量和 DoM 中位数合成的房地产市场指数（REMI）来描述市场的变动方向，其中 DoM 指房屋在市场的天数，也就是待售房屋获得一个合意的出价的时间。当 REMI 的标准值太高，说明市场过热。

2. 统计预警法

赵军（2011）、余凯（2008）、刘亚臣等（2009）均使用 3σ 法则来确定单个指标的警戒区间，并判断单个指标的警度。但在使用上有所不同。赵军（2011）首先对所有标准化变量的数据按年度取均值，以此作为该年的综合预警指数；其次，以所有综合预警指数为基础，得到预警区间的基准均值数和标准差；最后，确定预警区间，结合每年的综合预警指数判断该年房地产运行状况。余凯（2008）首先使用主成分分析法计算出指标的权重矩阵 W；其次，给单个指标的警度赋值，得到警度值矩阵 H；最后，计算综合警度 M＝H×W。而刘亚臣等（2009）不是对每个指标运用 3σ 法则，而是仅仅对三个一级指标使用 3σ 法则进行警度判断。此外，周超（2011）在余凯建立的综合警度基础上，运用灰色模型 GM（1，1）对房地产综合警度进行预测，他认为该模型具有原始数据需求较少、计算步骤简单的优点。首先，为了弱化原始序列的随机性和波动性，采用对序列进行一次累加生成的处理方式生成新数据序列；其次，对累加生成序列建模，模型中涉及发展灰度和内生控制灰度两个参数；再次，使用最小二乘法进行模型估计；最后，进行累减还原成预测值。在国外，Suh 和 Kim（2011）认为，时间序列模型和结构模型在预测房地产价格时都存在一些问题，前者需要稳定的经济环境作为前提，后者在选取外生变量和调整常数项方面困难重重。因此，他主要采取统计学的方法建立韩国房地产市场预警系统，在以全国范围和特殊区域范围的房地产销售价格指数和租赁价格指数中的最大值构造的房地产市场压力指数的基础上，使用平均值和方差来确定警戒区间。

3. 经济计量预警法

胡健颖等（2006）首先采用单边滑动平均方法对原始数据进行季节调整；其次，建立房地产价格的预测模型，通过判断系数的显著性来选取决定房价的代表性指标以及最终的预测模型；最后，画出每个月房价预测值以及预测值的 90% 置信区间，考察每月房价实际值是否落入预测值的置信区间内。陈日清、李雪增（2007）以日本为例，首先，判断因变量房地产泡沫出现情况，出现则取值为 1，反之则为 0，自变量在初始指标的基础上剔除不显著变量；其次，分别采用二值响应模型中的 LPM、Logit 与 Probit 模型进行参数估计，根据正确预测百分数 PCA 与拟 R^2 判断出 LPM 的准确度和可靠性不及 Probit、Logit 模型；最后，根据估计出的模型计算因变量的预测值，并将 0.25、0.5 和 0.75 作为划分预警级别的警戒值，据此判断各年份的预警级别。赵军（2011）在对房地产警度进行预测时，使用了多元 Logistic 回归模型。

4. 交叉学科预警法

近几年部分学者开始将其他学科（如信息地理、神经网络等）的方法运用到预警系统的建立中。焦继文、郭灿（2012）使用了三层 BP 神经网络方法。首先，选取反映真实刚性需求的指标和实际供给的指标，通过主成分分析法分别求得基本需求和供给指标的主成分得分，即为基本需求指数和基本供给指数，通过计算两者增长率之差求得基本供求平衡指数，即 $D_{DS}=\Delta I_D-\Delta I_S$。其次，选取影响人们对下一期房价预期的五类影响因素，同样方法计算各类因素的主成分得分，作为神经网络的输入项,并选择滞后一期的价格因素的主成分得分作为神经网络的输出项。运用三层 BP 神经网络方法,得到房地产的预期价格,对其标准化后得到的为心理预期指数 I_P。最后,求得综合预警指数 $I_B = I_P/B_{DS}$。若心理预期与供求变化的方向和幅度都是一致的,则可认为房价波动有一定的供求基础,危机程度较小,但若二者的差异较大,甚至相背,则可认为房地产市场的危机程度较大。朱雅菊(2011)在构建房地产预警模型中也借鉴了人工神经网络中的 LVQ 网络算法,将单个指标作为输入因子,将风险级别设为输出因子。Garcia 等(2008)利用人工神经网络 ANN 和 GIS 解决了房地产领域的资产评估问题。Guo 等(2007)建立了基于网络地理息技术(GIS)和统计分析工具(SPSS WebApp)的房地产信心指数模型。赵军(2011)将 GIS 空间统计分析运用到房地产预警系统的建立中,通过对预警区点状要素的 Hot-Spot 分析、空间自相关分析发现,各点状要素的空间分布存在区域差异,在此基础上运用空间回归分析对区域房地产进行预警。

(二)预警方法的改进

不难发现,近年来学者越来越重视预警系统的精度,不断对数据处理方法、警戒区间确定方法等进行改进。

一方面,为消除预警指标原始数据量纲及数量级的影响,余凯(2008)、赵军(2011)、周超(2011)均采用正态归一化将原始数据标准化为 N(0,1)的分布,李崇明、丁烈云(2005)采用初始值归一化,Zetland(2010)在构造综合指数过程中,也反复使用了初始值归一化的处理方法,他认为去除量纲后的标准化数据,使不同变量、不同区域间的比较成为可能。而吴艳霞(2008)则采用功效系数法,具体而言,首先根据历史统计数据及国际经验分别确定单个指标的不容许值 X_{ia} 和满意值 X_{ib};其次,根据公式计算单个指标的功效系数 $Y_i = \frac{X_i - X_{ia}}{X_b - X_{ia}} \times 40 + 60$;最后,运用主成分分析法,提取主因子 f_t,并确定各指标在主成分中的权重 w_i,即 $f_t = \sum Y_i w_i$,将各主成分的贡献率 A_t 作为各主成分的权重,计算综合预警系数 $K = \sum f_t A_t$,并根据 K 值的级别划分来判断警度情况。

此外，考虑到一些预警方法（如多元统计中的聚类分析、主成分分析等）的适应对象是平稳数据，胡健颖等（2006）采用 ADF 单位根检验方法对所用数据序列的平稳性进行检验；同时，他还采用单边滑动平均方法进行季节调整。同样，陈峰（2008）也采用时间序列因素分解中的乘法模型来剔除景气循环波动因素的不利影响。

另一方面，为使预警区间更加合理，陈峰（2008）认为由于有的地区经济发展一直处于较热状态，各项指标的增长率多数年份处于高位运行，也就是说，样本中主要是偏热的数据，而经济正常或过冷时对应的数据不可能机会均等地被选入样本，因此不满足简单随机抽样的前提，他提出通过建立模糊数学中的隶属度函数来对每个样本观测值出现的机会进行调整，从而反方向修正均值和标准差的偏移程度的改进思路。韩立达、李明（2005）认为，我国房地产市场处于不成熟时期，极易出现投资过热膨胀，当期的投资建设不仅会对当期产生影响，还会对未来产生影响。因此确定预警区间，还须考虑指标的累积影响。

三　房地产监测指标体系研究

（一）指标体系选取原则

对于我国房地产市场监测指标的选取，国内已经有多数学者进行了该方面的研究。国内多数学者都指出，监测指标体系应该具有全面性，李斌（2004）认为，仅从房地产开发、交易的角度思考监测指标，将房地产业作为孤立产业独立分析，忽视房地产所在城市的区域性特征，这样的指标体系是不完整的；东北财经大学宏观经济分析与预测课题组等（2006）在选取房地产业景气指标时，指出房地产业除自身经济活动外，其上游和下游行业的经济活动以及投资、物价、金融等宏观经济领域的经济活动均会在一定程度上影响和反映房地产市场波动情况。师应来和王平（2011）认为，在市场经济环境下，供求是影响房地产市场最根本的因素，而且房地产业发展必须与整个国民经济的发展相协调，否则会影响资源配置的合理性，引发系统风险，此外将房地产开发投资占固定资产投资比重等衡量房地产与宏观经济协调性指标纳入市场监测指标体系。不少学者认为，为保证信息的完备性，应选取尽可能多的指标，但确定指标需要进行针对性的筛选。在满足全面性的同时，李崇明和丁烈云（2005）认为，还应注重共性指标与个性指标相结合的原则，城市特色也是影响区域房地产业的重要因素。

已有研究在选择指标层次方面，部分学者使用了单层次指标体，但部分学者考虑到各项指标的属性不同，采用双层次指标体系进行分析，例如刘亚臣等（2009）建立了房地产同国民经济协调度、房地产市场供求协调度和房地产业内部协调度三个一级指标监测板块，师应来和王平（2011）也建立了三个类似的一级指标监测板块。王锋（2011）认为采用定量分析方法构建我国房地产预警指标体系是我国房地产预警系统的发展趋势。

综合已有研究，构建房地产市场监测指标体系主要遵循以下原则：一是全面性，所选取的指标范围不仅包括反映房地产市场自身发展状况的变量，而且还应从宏观经济面来选择指标，将与房地产市场运行相关的宏观经济、金融市场等指标纳入监测指标体系中；二是代表性，满足全面性要求选取尽量多的指标，但过多的指标不仅阻碍了监测工作的可操作性，而且降低了监测结果的直观性，因此应对指标进行筛选，选取具有代表性的关键指标，能够充分且敏锐地反映房地产市场动态；三是客观性，要求选取的各项指标数据能够客观反映市场运行情况；四是可行性，各项监测指标数据具有及时和可靠的稳定来源。

（二）指标体系设计

通过梳理文献可以看出，在指标体系设计上，在坚持全面性、代表性等原则基础上，通常采用双层次指标体系建立房地产市场监测指标体系，即先建立一级指标，在此基础上选择二级指标。如表1-1所示，一级指标主要包括四个方面：一是市场发展状况指标，以跟踪房地产市场走势；二是市场供求均衡指标，在市场经济中供求关系是影响市场走势和房价的根本性因素，因此，采用这类指标反映房地产市场供应与需求关系，也可称作内部协调性指标；三是外部协调指标，房地产市场是国民经济发展的重要组成部分，产业链延伸较长，该指标主要关注房地产市场与宏观经济发展协调性，反映房地产市场发展健康程度；四是房地产金融指标，无论从开发企业融资角度还是从购房者贷款角度来看，房地产金融状况是影响房地产市场走势的关键性指标。二级指标具体采用以下方案。

表1-1　　　　房地产市场监测指标体系其符号标示

一级指标	二级单项指标
市场发展状况指标（Y_a）	房地产开发投资增长率（X_{a1}）
	房地产施工面积增长率（X_{a2}）
	房地产新开工面积增长率（X_{a3}）
	商品住房批准预售面积增长率（X_{a4}）
	新建商品住房销售面积增长率（X_{a5}）
	新建商品住房价格增长率（X_{a6}）
	二手住房销售面积增长率（X_{a7}）
	二手住房价格增长率（X_{a8}）
市场供求均衡指标（Y_b）	住房供需比（X_{b1}）
	住房投资率（X_{b2}）
	住宅吸纳率（X_{b3}）
	住宅销售率（X_{b4}）
外部协调性指标（Y_c）	房地产开发投资完成额占GDP比重（X_{c1}）
	房地产开发投资完成额占固定资产投资额比重（X_{c2}）
	房价增速与GDP增速之差（X_{c3}）
	房地产开发投资增速与固定资产投资增速之差（X_{c4}）
房地产金融指标（Y_d）	房地产开发贷款余额同比增速（X_{d1}）
	房地产开发贷款余额占各项总贷款余额比重（X_{d2}）
	个人住房贷款余额同比增速（X_{d3}）
	个人住房贷款余额占各项总贷款余额比重（X_{d4}）

第一，市场发展状况指标。从房地产市场自身特性来看，区域性房地产市场发展状况主要包含四个方面：一是房地产开发投资情况，采用房地产开发投资增长率、房地产施工面积增长率、房地产新开工

面积增长率三个单项指标。房地产开发投资增长率是衡量市场发展冷热程度的核心指标；房地产施工面积增长率具有先行特征，一般反映半年以后市场供应量变化情况；房地产新开工面积增长率不仅反映出当前开发企业的投资热情，也是反映市场未来供应变化的参考指标。二是市场供应情况，目前新建商品住房普遍都采取预售制度，采用商品住房批准预售面积增长率衡量市场供应情况。三是新建住房市场成交情况，采用新建商品住房销售面积增长率和新建商品住房价格增长率两个单项指标。四是二手住房市场成交情况，目前深圳二手住房与新房成交规模基本持平，对于深圳等热点城市来说，二手住房市场也是房地产市场的重要组成部分，采用二手住房销售面积增长率和二手住房价格增长率两个单项指标。

第二，市场供求均衡指标。该监测板块采用四个二级单项指标：一是住房供需比，该指标是刻画市场供求关系的核心指标，计算方法为过去一年新建住房成交量与同期商品住房批准预售量的比值，当供需比大于1，表示市场供不应求，市场需求相对旺盛，房价面临上涨压力；二是住房投资率，该指标用于反映住房市场投资投机程度，采用当期新房成交中属于家庭第二套住房以上（含第二套）的套数占当期新房总成交套数的比重来衡量；三是住房吸纳率，住房吸纳周期是刻画市场消化库存能力的核心指标，住房吸纳率则是住宅吸纳周期的倒数，当住房吸纳率越高时，住房吸纳周期越短，市场去库存速度越快，反映出市场供需关系趋于紧张，计算该指标关键在于确定住房销售速度，一般都采用过去一年新建商品住房月均销售量来衡量，为此住房吸纳率采用过去一年月均销售量与当期住房库存量比值来衡量；四是住房销售率，这里采用过去一年新建住房销售量与同期住房竣工面积来衡量，销售率越高，市场供求关系也越趋于紧张。

第三，外部协调性指标。该板块指标侧重反映房地产市场与宏观经济发展协调性。对于区域性房地产市场而言，房地产市场走势不仅要与本地宏观经济发展情况相协调，也要与全国房地产市场走势协调。在衡量与本地宏观经济发展协调性方面，采用四个二级单项指标：一是房地产开发投资完成额占GDP比重，该指标刻画了房地产在国民经济中的地位，当前宏观经济对房地产市场依赖程度较高，在国家调整经济结构和转变经济增长方式背景下，该指标值下降在一定程度上表示经济增长质量的提升；二是房地产开发投资完成额占固定资产投资额比重，该指标刻画了固定资产投资结构的合理性，也反映出房地产市场投资热度，该指标值过大表明房地产市场发展过度，在宏观经济稳定时期该指标值一般较为平稳；三是房价增速与GDP增速之差，该指标不仅刻画了房地产市场与居民生活的协调性，也是监测房地产泡沫程度的合理指标，对于一个健康的房地产市场，房价增长不宜超过GDP增长速度，这也是近年来我国多个城市设定房价增长目标的重要依据；四是房地产开发投资增速与固定资产投资增速之差，与上个指标不同，该指标基于增长速度分析两者的关系，计算方法为两个投资完成额的同比增速之差，一般房地产开发投资增速高于固定资产投资增速，但当该指标值扩大时，反映了房地产市场投资增长过快。

在衡量区域房地产市场与全国房地产市场协调性时，采用本地房地产开发投资增速与全国房地产开发投资增速之差，该指标比较了本地房地产市场发展与全国发展差异，该指标值越接近于0，表明本地房地产市场与全国走势协调度更高。

第四，房地产金融指标。目前，我国房地产市场融资主要来源于银行体系，因此选择贷款数据作为房地产金融的基准指标，这里分别从开发企业和购房者两个方面选取指标。对于开发企业，采用两个单项指标：一是房地产开发贷款余额同比增速，该指标关注房地产开发投资融资规模的变化；二是房地产开发贷款余额占各项总贷款余额比重，该指标从比较角度分析开发贷款变化情况，当该比值过高时，反映房地产市场投资过热。对于购房者，采用类似两个指标：一是个人住房贷款余额同比增速；二是个人住房贷款余额占各项总贷款余额比重。

四 二手住房市场相关研究

国外关于二手住房市场的研究较早、较全面，例如George Fallis (1985) 认为在市场短期内存量住房供给呈现完全无弹性状态，需求和存量住房供给决定存量价格，在此价格下，新增住房会不断转化为已有存量，最终达到均衡。此后也有学者以定量与定性结合的方法证实此观点，Black 和 Stafford（1988）证明了存量住房价格与新建住房价格之间的联系，即在房地产市场中占比较大的住房存量决定着整个市场供给，其价格主导整个房地产市场价格水平，并影响和决定新建住房市场价格。此后也有学者证实了此观点，Denise 和 Willian（1996）采用"四象限"模型分析存量房市场与新建住房市场的相互作用机制，指出存量房市场价格运行趋势对整体房地产市场价格趋势起主导作用。

另外，也有学者从存量住房与宏观市场方面进行了相关研究，美国经济学家 Burgess（1925）提出的住房市场过滤模型，其研究认为，由于住宅本身具有耐用性和产品差异性，同时住房消费者之间又具有异质性，因此住房市场具有过滤特性。Lowry（1960）对"过滤效应"给出更为明确的定义，认为过滤的主体是住房而非各收入阶层，住房过滤产生的原因是住房的老化和新建住房的建设，当高收入层次的住户实现更好的住房需求后，原有住房将以较低成本供给下一收入阶层。

从我国国情来看，"过滤效应"在我国房地产市场相对滞后的地区作用并不明显，但对二手住房市场发展相对快速的一线城市，对如何加强二手住房在市场上进行流通具有一定的指导意义。

五 文献综述总结及可能拓展的空间

梳理上述文献可以看出，和本书研究间接相关的文献较多，而直接相关的文献相对较少。具体来看，目前房地产预警方法的研究主要包括景气指数预警法、统计预警法、综合模拟法等，虽然方法较多，但这些方法更主要的是围绕新建住房市场展开的；有关房地产监测预警指标体系的构建方面的研究，国内学者也进行了较为广泛的探讨，并就不同的城市进行了相关监测指标体系的构建，同样这些也主要围绕新建住房市场进行展开分析。由于我国房地产市场整体仍以新建住房为主，二手住房成交量超过新建住房的城市主要集中在少数开发较成熟的大城市，故而造成二手住房相关方面的研究较少，目前主要集中在二手住房的现状或基本理论分析，以及就二手住房价格或交易量与新建住房价格或交易量之间的关系进行分析等。

  总的来说，目前有关二手住房监测预警指标体系构建和警情情况的研究基本没有。然而，伴随我国城镇化和房地产市场的快速发展，北上深三个城市二手住房成交量早已超过了新建住房，且部分二线城市出现了以二手住房交易为主体的情况，可以说二手住房在部分城市已成为房地产市场的主要组成部分。因此，就二手住房的情况进行深入的研究分析，构建二手住房监测预警指标体系，并就警情情况进行相关研究，显得刻不容缓。不仅有利于充实相关方面的学术研究，而且有利于加强对二手住房市场的监管和政策精准调控，确保包括二手住房在内的房地产市场稳定。本书研究期望能够在相关方面有所贡献。

第二章 我国二手住房市场现状特征及影响分析

近年来，随着我国重点城市土地供应量的逐年锐减和土地成交价格的快速增长，房地产市场正逐渐由过去以新建、开发和交易为主向存量住房和新建住房并重的阶段过渡，部分重点城市已步入"存量房时代"。本章以北京、上海、广州、深圳四个一线城市为例，研究分析其现状、特征及影响因素，并进行实证检验，为后续更好地开展研究做铺垫。

第一节 我国二手住房市场现状

一 二手住房成交规模情况

（一）北京二手住房成交情况

近年来，北京市二手住房成交规模不断扩大，而新建住房销售规模呈现下降趋势。由图2-1可以看出，首先，2005—2020年二手住房成交面积与新建住房成交面积比总体上呈现上升趋势，且在2013年二手住房成交面积与新建住房成交面积比值首次大于1.00，为1.01，2014年有反复，在此下降至1.00以下，随后二者比值迅速上升，在2015年达到1.52，约是2014年的两倍；此后，北京迅速进入"存量房时代"，二手住房成交面积始终大于新建住房成交面积，且在2018年达到了最大值，为2.44。

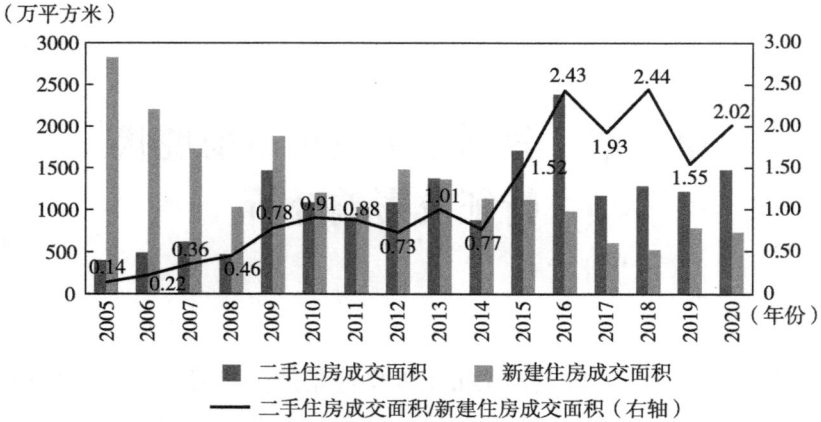

图 2-1　2005—2020 年北京二手住房与新建住房成交情况

其次，2005—2020 年二手住房成交面积总体上呈现上升趋势，新建住房成交面积呈现下降趋势，受房地产市场走热的影响，在 2016 年二手住房成交面积达到最大，为 2384.9 万平方米，随后成交面积趋于稳定，在 1000 万—1500 万平方米波动。

（二）上海二手住房成交情况

近年来，伴随城市的发展和房地产市场越来越成熟，二手住房成交面积与新建住房成交面积的比值呈现上升趋势。图 2-2 给出 2005—2020 年上海二手住房和新建住房成交情况，可以看出，一是从二手住房成交面积与新建住房成交面积的比值大小来看，比值在 2013 年首次突破 1.00，也意味着上海大有进入"存量房时代"的趋势。此前的年份，虽然二者比值低于 1.00，但是也呈现上升趋势，且比值均在 0.50 以上，也进一步说明二手住房成交面积占市场的份额是较大的，对房地产市场具有重要的地位。2013 年后，二者比值虽然有所反复，在部分年份出现低于 1.00 的情形，但总体上呈现上升的趋势，在此后的 7 年中有 4 年是大于 1.00 的，且在 2019 年后比值越来越大，更在 2020 年达到历年比值的最大值，为 1.57，可以说上海房地产市场正在逐步进入"存量房时代"。

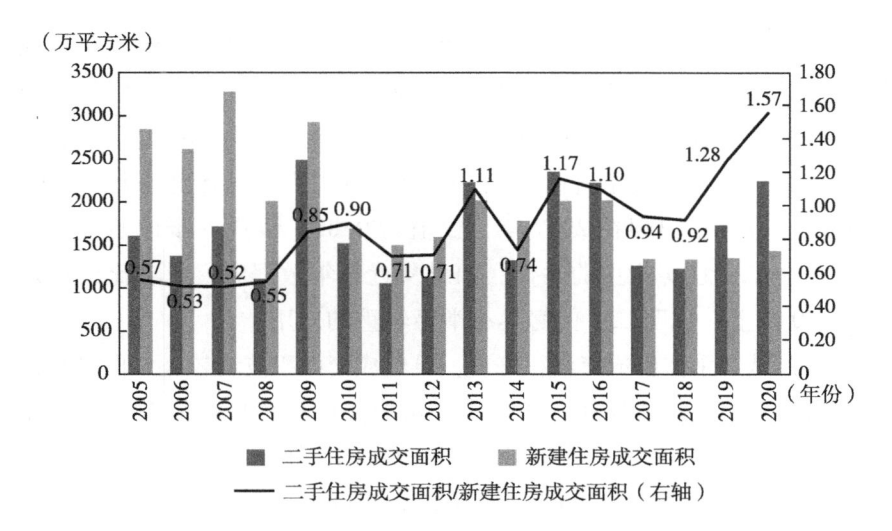

图 2-2 上海二手住房和新建住房成交情况

二是从二手住房成交面积来看，历年成交面积波动较大，但是总体上是上升的。如果从样本期来看，峰值最大为 2009 年，成交面积达到 2490.6 万平方米。如果仍然以 2013 年为分界点，可以看出，2013 年前二手住房成交面积均值为 1501.6 万平方米，之后二手住房成交面积均值为 1767.6 万平方米，上升趋势还是较为明显的。从最近的房地产市场周期来看，2015 年房地产市场走热，二手住房成交面积快速上升；2018 年后房地产市场趋稳，成交面积快速下降，但是伴随市场的不确定性和趋稳，二手住房成交面积不同于新建住房成交面积的平稳，是快速上升的。

（三）广州二手住房成交情况

近年来，广州二手住房成交规模波动较大，且二手住房成交面积与新建住房成交面积的比值同样波动较大，图 2-3 给出了 2005—2020 年广州二手住房和新建住房成交情况。一是从二手住房成交面积与新建住房成交面积的比值大小来看，整体波动较大，但呈现上升趋势。就二手住房成交面积与新建住房成交面积比值的峰值看，在各周期的峰值呈现上升趋势，且各周期的谷值同样呈现上升的趋势。如果分时间段来看，2006—2010 年二手住房成交面积与新建住房成交面积比值的均值为 0.64，2011—2015 年二手住房成交面积与新建住房成交面积比值的均值为 0.53，2016—2020 年二手住房成交面积与新建住房成交面积比值的均值为 0.77。总体来说，无论从哪一个角度，二者之间的比值都呈现上升的趋势，但是二者比值均没有出现大于 1.00 的情况，其峰值出现在 2017 年，比值为 0.85，也进一步说明广州尚未进入以二手住房为主的时代。如果从近五年数据看，二者比值稳定在 0.70 以上，说明二手住房具有举足轻重的作用。

二是从二手住房成交面积来看，虽然成交面积波动较大，但是总体呈上升趋势明显。如果从历年二手住房成交面积总量峰值看，2017 年达到最大，为 1168.0 万平方米。如果分时间段来看，2006—2010 年二手住房成交面积均值为 720.9 万平方米，2011—2015 年二手住房成交面积均值为 637.8 万平方米，2016—2020 年二手住房成交面积均值为 997.4 万平方米。整体来说，广州二手住房成交面积是上升的，且上升幅度大于新建住房。广州房地产市场出现上述现象，可能是由于广州建成区面积不断向外扩张，得以有更多的土地用于新建住房，未来伴随城市建设和房地产市场的成熟，广州会逐步进入以二手住房为主的时代。

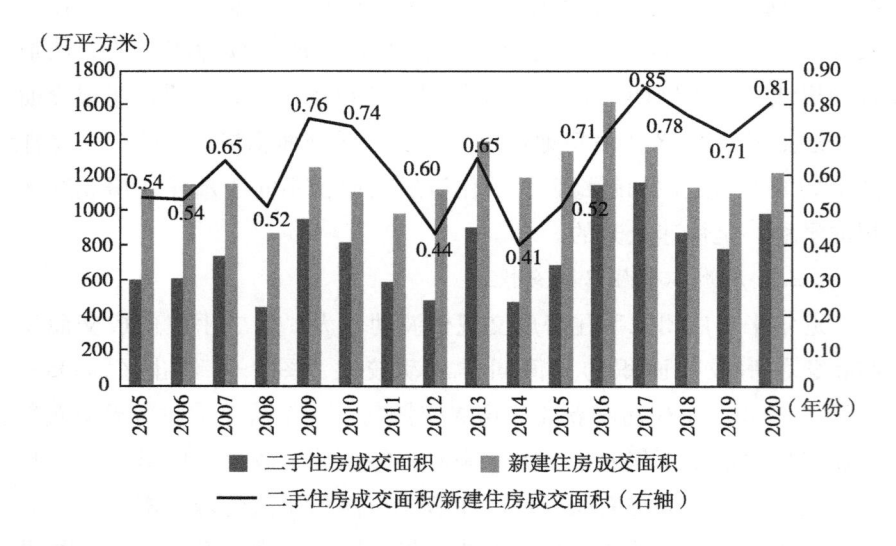

图 2-3 广州二手住房和新建住房成交情况

第二章 我国二手住房市场现状特征及影响分析 | 29

（四）深圳二手住房成交情况

近年来，深圳二手住房成交面积与新建住房成交面积的比值虽有波动，但是多数年份大于 1.00，图 2-4 给出了 2005—2020 年深圳二手住房和新建住房成交情况。一是从二手住房成交面积与新建住房成交面积的比值大小来看，二者比值自 2006 年超过 1.00 之后，仅有 4 个年份比值小于 1.00，除 2008 年受国际金融危机等影响造成下降较大外，其余年份比值均在 0.90 以上，总体上说明深圳自 2006 年开始已进入以二手住房为主的时代。同时也可以看出，二手住房成交面积与新建住房成交面积的比值越来越趋于稳定，波动幅度较前期减小。

二是从二手住房成交面积来看，总体上呈现上升趋势，但是部分年份波动较大。如果从成交面积的峰值来看，2009 年是二手住房成交面积最大的年份，达 1226.58 万平方米，而成交面积最小的年份则是 2008 年，仅 350.93 万平方米。从波动幅度上看，前期波动幅度较大，近年来波动幅度降低，特别是 2016 年后，波动较小。总体来说，深圳进入以二手住房为主的时代难以逆转，未来二手住房对房地产市场的影响将会更大。

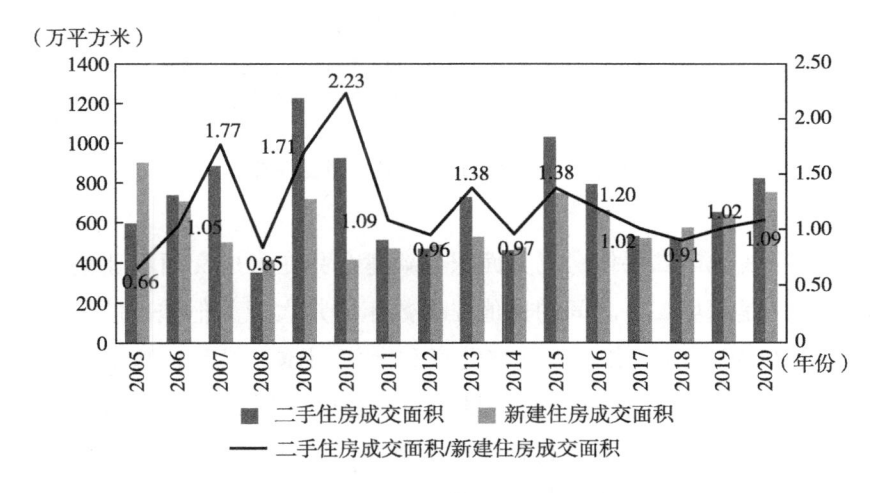

图 2-4 2005—2020 年深圳二手住房和新建住房成交情况

（五）一线城市二手住房成交情况比较

前文分析一线城市二手住房成交情况，在此进一步对一线城市做横向对比分析，图 2-5 和图 2-6 分别给出了相关情况。就二手住房交易规模来看，上海二手住房成交面积除个别年份外，多数年份位居最大，且明显大于其他城市；深圳在前期交易规模大于北京和广州，在 2008 年后逐渐被北京、广州超越，这可能和深圳的建成区面积和整体规模相关。从波动幅度和周期来看，四个城市具有高度的一致性，这也意味着选择其中一个城市进行分析，同样是有意义的。

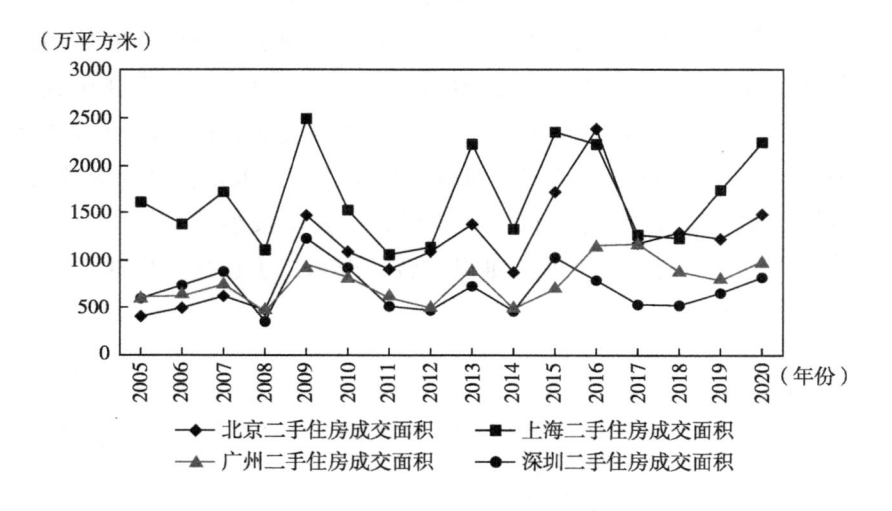

图 2-5 一线城市二手住房成交情况

从一线城市二手住房成交面积与新建商品住房成交面积比值情况来看，一是深圳二者之间的比值在多数年份是大于其他城市的，特别是在 2015 年之前，之后逐渐被北京和上海超越，但是，基本上仍然是大于 1.00 的。二是从波动幅度上看，虽然不同城市波动的幅度大小有差异，但是在趋势上具有一定相似性，其中深圳前期波动幅度较大，后期趋稳；北京前期稳中有升，后期波动幅度加大；上海、广东两个城市波动相对较小。总体来说，深圳是最早进入以二手住房为主时代的城市，北京 2015 年后进入，上海正在逐步进入以二手住房为主的时代，广州仍然是以新建住房为主。

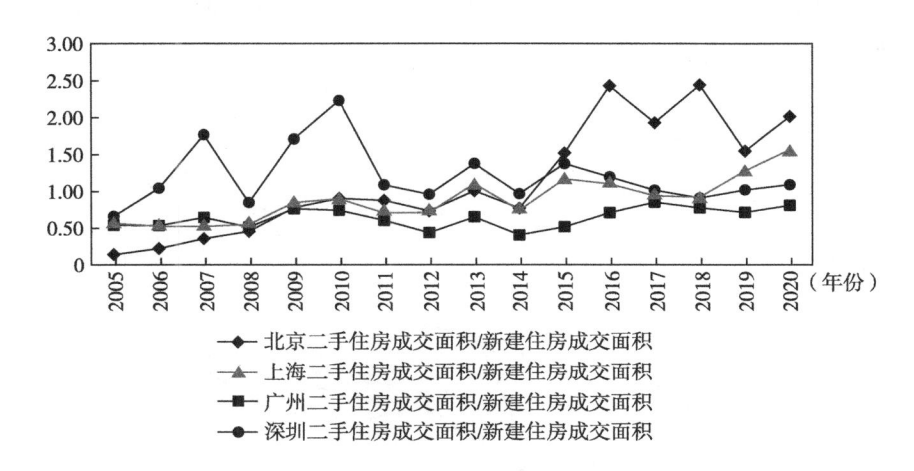

图 2-6 一线城市二手住房成交面积与新建住房销售面积比值情况

二 二手住房成交价格情况

由于二手住房成交价格没有统一的官方数据，本章选取了国家统计局公布的历年每月70个大中城市商品住房销售价格变动情况数据，并以2010年为基期年（基期年=100），进行转换得到四个城市历年新建住房销售价格指数和二手住房销售价格指数，再进行分析，图2-7给出了一线城市二手住房与新建住房销售价格指数情况。一是从单个城市来看，北京二手住房销售价格指数涨幅在前期低于新建住房销售价格指数，2015年以后二手住房销售价格指数涨幅超过新建住房销售价格指数；上海二手住房销售价格指数总体上低于新建住房销售价格指数；广州二手住房销售价格指数仅在两个年份高于新建住房销售价格指数；深圳二手住房销售价格指数除部分年份外，多数年份大于新建住房销售价格指数，且近五年均大于新建住房销售价格指数。二是横向来看，2015年之前一线城市二手住房和新建住房销售价格指数具有较强的相似性，2015年开始深圳出现分化，二手住房和新建住房销售价格指数均出现快速上涨的趋势，与其他城市之间的差距越来越大，即便在2018年后二手住房销售价格指数仍然出现了较大幅度攀升；一线城市二手住房和新建住房销售价格指数均在 2016 年、2017 年出现大幅度上升，随后伴随国家"房住不炒"的定调和调控，价格指数稳中有升，涨幅下降。

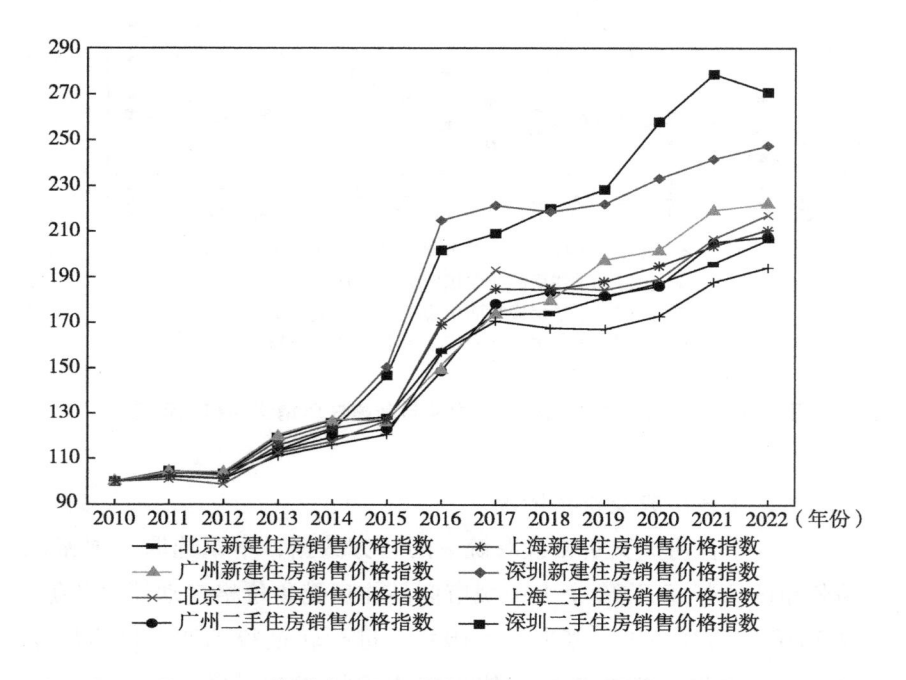

图 2-7　一线城市二手住房与新建住房销售价格指数情况

资料来源：笔者根据 70 个大中城市商品住宅销售价格变动情况，并以 2010 年为基期年（基期年 = 100）进行转换得到。

第二节　文献综述

一　购房意愿相关研究综述

国内外有不少学者对购房意愿和购房行为进行研究。Huang（2002）发现，社会经济变量和制度变量对城市居民的购房行为产生了显著影响；Alkan 等（2014）认为，性别、年龄和职业性质是个体住房需求的重要决定因素；Han（2010）采用多项式 Logit 模型研究家庭特征对家庭购房选择的影响，发现房价—收入比、家庭年龄组成和家庭规模对购房选择有显著影响，在控制住房位置、单价、房子大小等因素不变的情况下，家庭购买非市中心房屋可能性更大。毛小平（2014）认为，居民是动态的社会行动者，通过积极寻找他们在国家与住房市场上的位置回应国家与市场的影响，在购房过程中同时考虑其所处的宏观社会情境及其所拥有的经济资本、人力资本和政治资本的影响作用，对是否购房做出选择。路君平等（2009）通过研究厦门、西安和湘潭三地数据，认为房价是影响购房意愿的首要因素，相对于低、高收入家庭而言，中等收入家庭对各类影响因素和购房政策更敏感，购房意愿更强烈。章铮（2006）和邹心怡等（2011）认为，子女教育的可获得性能增加部分人群的购房定居意愿。有不少研究以流动人口为研究主体，如邓金杰等（2011）通过调查深圳城中村外来人口的购房意愿，发现户主的年龄、学历、家庭收入和户口性质等因素能显著影响户主的购房意愿。肖昕茹（2014）认为，个人因素、城市融合因素和市场政策因素是决定大城市青年流动人口购房意愿的主要因素。也有学者着眼于农民工的城镇购房意愿，如刘成斌和周兵（2015）通过研究有购房意愿的农民工的购房模式，发现中部地区流出的农民工比西部地区流出的农民工更倾向于接受异地购房，农民工城镇购房应以中部地区为主；祝仲坤等（2017）发现，年龄的增长、家中有务农成员会减弱农民工的购房意愿，而收入水平、受教育水平、工作所需专业技能的提高和城市认同感的增强会令农民工的城镇购房意愿显著上升。裴育等（2017）认为，无房家庭购房意愿是普遍存在的，相对于中西部地区而言，东部地区的房价更高、上涨速度更快、幅度更大，更容易削弱无房家庭的购房意愿。

二 二手住房价格影响相关研究综述

国内外不少学者对二手住房价格影响因素进行了研究。从宏观角度来看，石忆邵和李木秀（2006）认为，以上海的二手住房和新建住房为研究对象，选取了可能影响房屋价格的七个因素，研究结果显示，二手住房的价格与新建住房的价格之间的差异是很明显的，影响二手住房价格的因素是供求，但是，影响新建住房价格的因素却是环境，像交通、繁华与否等因素对房子价格是否有影响并没有很明显地体现出来。高文林（2012）认为，可以粗略地将影响二手住房价格的因素概括为四个方面，即位置因素、房子本体因素、土地征收因素、社会经济大环境因素。刘贝贝（2015）认为，国内生产总值、各个地区的财政支出对二手住房的价格都会有影响，如果从房子本身具有的特点来看，整个房子的面积越大，房屋价格就越高，房子的布局也会对二手住房的价格产生影响，布局较大的房子价格越高，布局较小的房子价格越低。蒋沁宏、周蕾（2017）认为，可以利用计算灰色关联度的方法来寻找影响重庆二手住房价格的因素，在统计年鉴中选取了8个宏观指标，计算这8个宏观指标与二手住房价格的关联度，结果显示居民消费者价格指数、贷款余额等指标会影响二手住房的价格。姚翠友（2008）认为，可以从宏观层面选取四大类因素，这四大类因素中包括12个具体的因素，然后计算12个因素与商品房价格的关联度，最终结果显示住房造价、人口数等因素影响商品房的价格。Kalia（2013）和 Peshev（2015）认为，利率的波动在很大程度上会影响购房者，如果利率波动较大，那么购房者就不会有很强烈的意愿关注房地产市场，如果利率波动较小，那么购房者可能会集中更多的目光在房地产市场。Tse（2014）认为，政策会对房地产市场产生重要的影响，政策既会有宏观政策，也会有微观政策，同样既有熟知的财政政策，也有一些货币政策。Salaj（2017）认为，人均可支配收入、利率、人口数量都是影响房价的因素。

从微观的角度来看，张占平、胡丰印（2008）认为，运用 Hedonic 模型和消费者效用理论可以分析出影响西安二手住房价格的因素，他们将影响因素分为四个维度，结果表明，建筑特征维度中的交通、房龄、建筑类型会影响二手住房的价格，环境维度中的小区位置以及小区周边的设施会影响二手住房的价格，其他维度中的人均可支配收入同样也会影响二手住房的价格。王玉芳、陶金梅、冯春（2019）认为，房子本身具有的特征，比如面积、房子的年限等都会是影响南京二手住房价格的因素，从空间层面上分析，房子附近有没有地铁、周围有没有学校、学校的关注度如何等因素也是影响南京二手住房价格的因素，除了探究影响因素外，他们还对房价进行了有效预测，认为随机森林回归模型的预测效果较好；夏秋月等（2020）以郑州中原区的二手住房市场为研究对象，选择了影响其价格的因素有9个，但是建筑面积、房龄、容积率对郑州中原区的二手住房价格影响较显著。Friskovec等（2010）认为，房屋面积、闲置的空间、房龄、是否有车库、是否有地下室是影响二手住房价格的主要因素。

第三节 计量模型的设定、说明及描述性分析

一 计量模型构建及估计方法说明

（一）计量模型构建

从前文分析可以看出，二手住房市场的三个关键变量就是二手住房需求、价格和供给，其中二手住房供给弹性较大，短期内住房持有者随时可以根据市场形势变化来决定供给与否；二手住房价格，主要受新建住房价格、货币发行量、经济发展水平、居民收入水平等影响；二手住房需求，主要受二手住房价格、新建住房价格、货币发行量、经济发展水平、新建住房供给、收入水平等因素影响。因此，若要更好地了解清楚二手住房市场的活跃程度，关键是要研究分析二手住房的交易情况，监测分析二手住房市场的内在运行规律、影响因素，进而促进二手住房市场的稳定健康发展。所以，本章结合前文的分析，最终选择二手住房成交量作为研究的被解释变量，用其变化来度量二手住房市场的波动情况，以新建住房成交量和成交价格、房地产开发企业住房投资、财政支出、金融发展、经济发展、收入水平和人口数量等主要的影响因素为解释变量。由此构建计量模型，实证分析上述影响因素对二手住房成交量的影响。具体计量模型为：

$$erq = f(xfq, xfp, zztz, czzc, jrfz, scy, rjgdp, shouru, renkou)$$

(2-1)

式（2-1）中，erq 为衡量二手住房成交量波动的因素；xfq 为衡量新建住房成交量波动的因素；xfp 为衡量新建住房成交价格波动的因素；zztz 为衡量房地产开发企业住房投资变动的因素；czzc 为衡量城市基础设施建设增长和结构改善变动的因素；jrfz 为衡量金融发展情况的变量；scy 为衡量经济增长和结构改善整体情况的变量；rjgdp 为衡量经济发展水平情况的变量；shouru 为衡量居民收入水平的变量；renkou 为衡量城市人口数量情况的变量。

（二）估计方法说明

本章使用面板数据模型进行实证分析。面板数据是固定一个截面研究对象在连续时间序列上取得的数据，能够反映时间和空间两个维度的特性，不仅可以克服采用时间序列数据分析中的多重共线性问题，而且可以获得比时间序列更多的样本信息和比截面数据序列更多的动态信息。经典的面板数据模型通常分为三种：一是混合模型，简称 pool 模型；二是固定效应模型，简称 FE 模型；三是随机效应模型，简称 RE 模型。具体采用哪种面板模型，一般需要进行检验才能得到有效的参数估计和模型设定。第一步一般通过 F 检验方法来决定是使用混合模型还是固定效应模型，主要检验以下两种假设：

假设 1：模型中截距和系数项在不同的横截面个体上都是相同的（即混合模型）。

$$H1: Y_{it} = \beta_0 + \beta_1 X_{it} + \beta_2 Z_{it} + \mu_i + \varepsilon_{it} \tag{2-2}$$

假设 2：模型中系数在不同的截面个体上斜率相同，但截距项不相同（即固定效应模型）。

$$H2: Y_{it} = \beta_i + \beta_1 X_{it} + \beta_2 Z_{it} + \mu_i + \varepsilon_{it} \tag{2-3}$$

首先，通过检验假设 1 来判断是采用混合模型还是固定效应模型，若假设 1 成立则采用混合模型（2-2），反之则进行下一步检验，即若假设 1 不成立，则进行假设 2 检验，以判断截距项是否都相同；若假设 2 被接受，则可使用固定效应模型（2-3）；若假设 2 被拒绝，表明不同个体的截距项和系数都不相同，则采用随机效应模型，即：

$$Y_{it} = \alpha_i + \beta_i X_{it} + \gamma_i Z_{it} + \mu_i + \varepsilon_{it} \tag{2-4}$$

上述检验方法需要构造相应的 F 统计量，检验假设 H1 的 F 统计量为：

$$F_1 = \frac{(S_3-S_1)/[(N-1)(K+1)]}{S_1/[NT-N(K+1)]} \sim F[(N-1)(K+1), N(T-K-1)] \quad (2-5)$$

检验假设 H2 的 F 统计量为：

$$F_1 = \frac{(S_2-S_1)/[(N-1)K]}{S_1/[NT-N(K+1)]} \sim F[(N-1)K, N(T-K-1)] \quad (2-6)$$

式（2-5）、式（2-6）中 S_1、S_2、S_3 分别是混合模型、固定效应模型和随机效应模型的回归残差平方和，T 是时间序列跨度，N 是截面个体数，K 是自变量个数。

其次，使用 Hausman 检验来确定是采用固定模型还是随机效应模型，两者之间的差异在于不可观测的个体效应 μ_i 与解释变量是否相关。

原假设 H_0：个体效应 μ_i 与解释变量不相关。

备择假设：个体效应 μ_i 与解释变量相关。

Hausman 构造的 Wald 统计量 W 为：

$$W = (\alpha-\beta)'[Var(\alpha)-Var(\beta)]^{-1}(\alpha-\beta) \sim \chi^2(m) \quad (2-7)$$

式（2-7）中，α 是固定模型估计结果，β 是随机效应模型估计结果，m 为模型解释变量数目，W 统计量服从自由度为 m 的 χ^2 分布。若统计量 W 大于 $\chi^2(m)$，表明随机效应模型和固定效应模型估计结果存在显著差异，则拒绝个体效应与解释变量不相关原假设，选择固定模型较优于随机效应模型。

因此，本章将使用上述面板数据分析方法进行实证分析，并判断分析使用哪种面板数据分析方法。

二 变量介绍与数据来源说明

第一，被解释变量。本章的主要考察影响二手住房波动的因素，主要目的是考察研究深圳二手住房监测预警体系，以便下文做更精准的分析。因此，被解释变量就是二手住房市场波动情况，本章使用二手住房成交面积并取对数来衡量二手住房市场的波动情况，用 *erq* 表示。数据来源于各城市历年统计年鉴、房地产年鉴。

第二，解释变量。本章解释变量的选择，考虑到数据的可得性以及影响的重要性和显著性。因此，主要选择了以下六个方面共九个变量。

其一，新建住房成交量和成交价格变动情况。由于二手住房和新建住房具有强烈的替代性，二者互为替代产品，从而也造成了二者市场之间存在较强的联动性。因此，选择新建住房的成交面积并取对数（用 xfq 表示）来衡量新建住房市场需求的变动；选择新建住房销售价格并取对数，来衡量新建住房价格的波动，用 xfp 表示。其中，新建住房销售价格，以 2005 年为基期用 cpi 扣除了通货膨胀因素影响。数据来源于各城市历年统计年鉴、房地产年鉴。

其二，房地产开发企业住房投资情况。房地产开发企业负责从政府拿地并建设，再销售给客户，因此开发企业的行为对住房市场有着强烈的信号作用，影响较大。选择住房开发投资总额来衡量开发商的投资行为变动，并取对数，用 $zztz$ 表示。通常情况下，如果开发商预期未来短期内，楼市要走热，就会加大投资力度，以求尽快达到销售要求；反之，开发商建设力度就会较为平稳，甚至下行。其中，住房开发投资以 2005 年为基期，用 cpi 扣除了通货膨胀因素影响。数据来源于各城市历年统计年鉴、房地产年鉴。

其三，城市基础设施建设，包括公园、教育、医疗、交通等改善情况。通常来说，一个城市基础设施的情况，与其财政收入，尤其是财政支出的多少有关，要向更好、更优转变，还与其财政支出的增长情况相关。即一个城市的财政支出增长得越快，越有可能有更多的资金用于教育、公园等基础设施建设和改善，进而带动整个城市更宜居；反之，财政支出增长缓慢，则城市用于教育、公园等基础设施的资金增幅也会下降，造成城市环境改善较慢。因此，本章选择财政支出并取对数来衡量城市基础设施的改善情况，用 $czzc$ 表示。其中各城市财政支出以 2005 年为基期用 cpi 扣除了通货膨胀因素影响。数据来源于各城市历年统计年鉴。

其四，金融发展情况，用 $jrfz$ 表示。度量金融发展水平的诸多指标大致可分为三类：一是衡量证券市场发展水平或资本市场直接融资水平，用股票成交额/国内生产总值表示；二是衡量金融信贷市场发展程度的指标，如麦氏指标广义货币供给 M2 占 GDP 的比重和戈德斯密斯（Goldsmith，1969）提出的金融相关比重，即全部金融资产占 GDP 的比重；三是使用樊纲、王小鲁和朱恒鹏编写的《中国市场化指数：各地区市场化相对进程 2011 年报告》中的金融市场化发育程度指数，包括金融业竞争程度和信贷资金分配市场化发育程度，根据其定义，该指数越大表示金融市场化发育程度越高，也就意味着金融发展水平越高。然而，在我们所研究的时间区间内，由于数据资料欠缺，无法获得各市的金融资产数据以及各市的广义货币供给 M2 数据，另外，我国证券市场尚不完善，一方面，我国证券市场指标不能充分反映我国金融市场发展的水平，另一方面，各省市证券市场相关数据也欠缺。因此，本章遵照国内多数研究做法，使用各市金融机构人民币存贷款余额与国内生产总值的比值来衡量金融发展水平。数据来源于各城市历年统计年鉴。

其五，经济增长和结构改善情况。本章选择第三产业产值来衡量整体经济发展和结构改善情况，并取对数，用 scy 表示；选择人均国内生产总值衡量经济发展水平，并取对数，用 rjgdp 表示。通常来看，衡量经济发展的重要指标有国内生产总值增长情况、人均国内生产总值增长以及收入增长情况等。本章选择第三产业的主要原因有三个。一是第三产业对一线城市第三产业快速发展、占整体经济比重快速上升的城市，尤为重要；二是第三产业提供了大量的就业岗位，吸引了大量的劳动力就业，用第三产业增长情况来衡量经济发展对二手住房成交量的影响越发重要；三是第三产业包含了大量高新技术、高附加值的行业，这些行业的人员的整体素质相对较高，收入水平也较高，对住房有着更强的购买力。总的来说，第三产业产值增长得越快，越有利于城市经济的发展、产业结构的转型升级以及增强对各种人才的吸引，进而影响二手住房市场。其中，各城市第三产业产值、人均国内生产总值以 2005 年为基期用 cpi 扣除了通货膨胀因素影响。数据来源于各城市历年统计年鉴。

其六，市场需求情况。城市人口数量和收入水平是决定住房需求的至关重要的因素。通常来说，一个城市人口数量增长越快，人口越多，对住房产生的需要也就越多，就会增加对住房的购买需求；反之，城市人口数量越少，对住房需要就少，购买需求也就越少。另外，决定城市住房需求的关键因素是城市的收入水平，收入水平越高，就会对住房产生更高的需求，没有住房的会购买住房，有住房的可能会置换更优质的住房；反之，收入水平越低，对住房的需求难以实现。因此，选择城市常住人口数量并取对数来衡量一个城市人口的变动，用 *renkou* 表示；选择城市单位平均工资并取对数，来衡量城市收入水平，用 *shouru* 表示。其中各城市工资水平以 2005 年为基期用 cpi 扣除了通货膨胀因素影响。数据来源于各城市历年统计年鉴。

三　主要变量描述性分析

本章基于数据的可得性与一致性，在时间序列选择方面，本章以 2005—2020 年为样本区间；在截面数据选择上，选择了房地产市场相对更成熟的北京、上海、广州、深圳四个一线城市为例。另外，本章数据均来自各城市历年统计年鉴和房地产统计年鉴。本章使用 Stata14.0 软件分析，表 2-1 给出了本章计量模型中主要变量的描述性统计分析结果。

表 2-1　　　　　　　　主要变量的描述性统计

变量	样本值	平均值	标准差	最小值	最大值
erq	64	6.852273	0.4952457	5.860587	7.820271
xfq	64	7.020391	0.5215752	6.02502	8.095345
xfp	64	9.565082	0.5009945	8.525401	10.56884
xfp×*xfp*	64	91.73787	9.637594	72.68247	111.7004
zztz	64	6.76993	0.5635586	5.562939	7.839447
czzc	64	7.686834	0.6706618	6.166006	8.688237
czzc×*czzc*	64	59.53018	10.11778	38.01963	75.48547
jrfz	64	1.548914	0.2445791	1.16145	1.992096
scy	64	9.050883	0.5529639	7.747745	9.973455
rjgdp	64	11.29503	0.2203458	10.76177	11.66965

续表

变量	样本值	平均值	标准差	最小值	最大值
shouru	64	11.04626	0.3907905	10.38826	12.18614
renkou	64	7.419063	0.3142909	6.718711	7.819379

第四节 对我国二手住房市场影响因素的实证分析

一 基准回归与分析

本章基于2005—2020年北上广深四个一线城市数据，使用面板数据进行实证分析，表2-2给出了回归结果。其中模型1、模型2、模型3分别使用了基本面板估计方法，即混合（pooled model）估计、固定效应（fixed effects model）估计和随机效应（random effect model）估计，以便更好地对之进行比较。面板设定的F检验结果表明固定效应模型比混合效应模型更合适；利用Hausman检验，发现在1%的水平上拒绝原假设，因此在固定效应模型和随机效应模型中，我们选择固定效应模型。综合F检验和Hausman检验结果，我们选择固定效应模型。这里仅对标准模型2固定效应的估计结果进行分析，结果显示，总体上变量的估计结果是显著的。

表2-2 全样本基准回归结果

变量	模型1 Pool	模型2 Fe	模型3 Re	变量滞后一期	模型4 稳定性分析
xfq	0.829*** (3.23)	0.9619*** (5.08)	0.829*** (5.29)	L1.xfq	0.9565*** (5.13)
xfp	12.1546*** (3.48)	18.078** (3.38)	12.1546*** (4.57)	L1.xfp	18.64** (3.4)
xfp×xfp	-0.6302*** (-3.56)	-0.9029** (-3.42)	-0.6302*** (-4.64)	L1.xfp×xfp	-0.9317** (-3.44)

续表

变量	模型 1 Pool	模型 2 Fe	模型 3 Re	变量滞后一期	模型 4 稳定性分析
$zztz$	−0.3288* (−1.89)	−0.6993** (−3.91)	−0.3288** (−1.98)	L1.$zztz$	−0.7258** (−4.52)
$czzc$	−4.6022* (−1.9)	−7.6089** (−3.53)	−4.6022*** (−3.38)	L1.$czzc$	−7.9302** (−3.83)
$czzc \times czzc$	0.3299** (2.08)	0.5073** (4.34)	0.3299*** (4.00)	L1.$czzc \times czzc$	0.5386** (5.05)
$jrfz$	1.1639*** (3.85)	2.0529** (5.00)	1.1639** (2.41)	L1.$jrfz$	1.8785* (2.88)
scy	−1.7111*** (−2.75)	−5.4707** (−5.03)	−1.7111*** (−2.81)	L1.scy	−5.3284** (−4.58)
$rjgdp$	2.2069*** (2.8)	6.1301*** (7.00)	2.2069** (2.1)	L1.$rjgdp$	5.6618*** (5.65)
$shouru$	0.2736* (1.64)	0.29** (4.32)	0.2736* (1.62)	L1.$shouru$	0.2783** (3.98)
$renkou$	1.3954*** (5.17)	6.3793** (3.92)	1.3954* (1.84)	L1.$renkou$	6.2032** (3.69)
_cons	−64.071*** (−8.43)	−130.401** (−4.34)	−64.071*** (−3.55)	_cons	−126.6056** (−3.86)
Wald 值			151.95 [0.0000]		
Hausman 值			16.22 [0.0010]		
观测值	64	64	64		60

注：1. Pool 代表面板普通最小二乘估计，RE 代表随机效应模型，FE 代表固定效应模型；2. 括号里的数据为估计系数的 t 值，方括号里数据为统计量的 p 值；3. ***、**、* 分别表示在 1%、5%、10%的显著性水平下显著；L1. 代表对应变量的滞后一期。

具体来看，第一是代表新建住房成交量和成交价格变动情况的变量，包含两个变量。一是新建住房成交规模对二手住房成交规模具有显著的促进作用，且在 1%的显著性水平下显著，这说明新建住房成交增长有助于二手住房成交量的增长，这似乎与新建住房市场和二手住房市场相互之间的替代性不符合，分析认为过去十几年正是中国房地产的黄金时期，虽然有周期性下降，但是，总体上是上升的，所以就造成新建住房市场和二手住房市场有较强的相似性和同周期性，从而没有发挥好二者间的替代性。二是新建住房成交价格与二手住房成交量之间呈现显著倒"U"形关系，并不是单纯的线性关系，新建住房成交价格在上涨的初期会显著促进二手住房成交量的增长，当新建住房价格上涨到一定程度时，就会抑制二手住房成交量的增长。分析认为这主要源于二手住房市场和新建住房市场的同周期性，新建住房价格上涨的时期，往往是房地产市场整体处于上升的时期，从而出现了二手住房成交量的增长；当住房价格上涨到一定程度，就会面临市场需求不足、政府政策调控等情形，进而抑制了二手住房成交量的增长。

第二是代表房地产开发企业住房投资的变量，房地产开发企业住房投资的增加会显著抑制二手住房的成交量，且在5%的显著性水平下显著，分析认为房地产开发企业加大住房投资会造成新建住房供应的快速增加，在这种情况下，会吸引更多的购房者选择新建住房，而不是购买二手住房，从而出现了抑制现象。

第三是代表城市基础设施建设情况的变量，显示财政支出变量与二手住房成交量之间呈现"U"形关系，且四个一线城市多数年份都处在"U"形曲线的右侧，说明城市财政支出的增加有助于城市基础设施的改善。城市环境的改善，加之老城区教育整体较好，必然会吸引更多的购房者考虑二手住房，从而促进二手住房市场的活跃度和成交量的上升。

第四是代表金融发展情况的变量，金融发展会显著促进二手住房成交量的增长，且在5%的显著性水平下显著，说明金融发展有助于活跃二手住房市场，分析认为这主要是因为金融市场的快速发展，有助于资金的融通，让更多的购房者能够获取金融的支持，进而购房者有资金、有实力进入二手住房市场，考虑购买二手住房，进而带动了二手住房成交量的增长。

第五是代表经济增长和结构改善的变量，第三产业增加值的上升并没有显著促进二手住房成交量的上升，反而起到了显著的抑制作用；体现经济发展水平的变量，人均国内生产总值的增加会显著促进二手住房成交量的增加，且在1%的显著性水平下显著，这说明经济发展水平越好，越有助于活跃二手住房市场和促进成交量的增加，分析认为经济发展水平越好的城市，其相应的消费能力、基础设施、整体环境越好，这就会吸引更多的居民进入二手住房市场，且有能力变现，从而促进了二手住房市场的活跃度和成交量的增长。

第六是代表市场需求情况的变量，城市收入水平的增长会显著促进二手住房成交量的增长，且在5%的显著性水平下显著，分析认为这主要是因为一个城市的居民收入水平越高，其对应的购买能力也就越强，也就会对购买住房产生更多的需求，从而进入二手住房市场和购买住房；体现城市人口数量的变量，显示城市人口数量的增加会显著促进二手住房成交量的增长，且在5%的显著性水平下显著，这主要是因为人口数量始终是房地产市场活跃的关键因素，特别是进入一线城市的工作者和居住者，相对来说拥有更高的收入水平，其对应的购买能力和变现能力更强，人口数量的增加必然会吸引一部分人进入二手住房市场，进而活跃了二手住房市场和促进了成交量的增加。

二 稳健性分析

（一）变量滞后一期回归

在模型的检验过程中可能存在潜在的内生性问题，而严重的内生性问题会使回归结果出现较大的偏差，进而影响估计结果的稳健性，不利于检验分析。因此，为了避免内生性问题可能产生的回归结果出现偏误，本章将二手住房成交面积（erq）、新建住房成交面积（xfq）、新建住房成交价格（xfp）、房地产开发企业住房投资（$zztz$）、城市基础设施建设（$czzc$）、金融发展（$jrfz$）、经济增长和结构改善（scy）、经济发展水平（$rjgdp$）、居民收入水平（$shouru$）和城市常住人口数量（$renkou$）均滞后一期后再次进行回归估计，以便检验设定模型的稳健性，表2-2中的模型4报告了具体回归结果。从回归结果来看，影响二手住房成交量的各个变量均通过了变量的显著性检验，而且各变量的符号也与基准回归模型2结果一致，这进一步说明模型的设定是合理科学的，就回归结果进行分析是可行的。同时，也可以看到模型 4，不仅变量的符号与模型 2 一致，而且各个变量的大小差异也不大，这证明本章的回归估计结果是稳健的。

(二) 动态面板回归分析

从上述传统面板回归模型可以看出，虽然静态面板数据回归具有时间序列和截面数据分析不具有的优势，但是若想更好地揭示宏观经济关系存在的内在动态属性，就有必要充分发挥面板数据的优势，使用动态面板数据。例如 Arellano 和 Bond (1991) 就运用动态面板模型 $y_{it}=\beta_0+\sum_{K=1}^{K}\beta_k x_{kit}+\sum_{l=1}^{p}\alpha_{it}y_{i,t-1}+u_i+v_t+\varepsilon_{it}$ 研究分析了就业、经济增长和劳动力供给等问题。

因此，为了更好地揭示宏观经济关系存在的内生动态属性以及克服宏观经济变量间可能存在的内生关联，从而使我们的估计结果更加有效稳健。本章借鉴 Arellano 和 Bond (1991) 做法，使用动态面板模型进行估计分析，即在式 (2-1) 引入被解释变量的滞后项，可变为：

$$erq_{it}=\alpha_0+\alpha_1 erq_{i,t-1}+\alpha_2 x_{it}+\mu_{it}+\varepsilon_{it} \qquad (2-8)$$

式 (2-8) 中，i 和 t 分别表示省份和时间；erq_{it} 表示二手住房成交量；X_{it} 表示影响二手住房市场活跃度和成交量的各个因素；μ_i 表示省份固定效应，反映不随时间变化的省份特定因素；ε_{it} 表示未被观测到的随机误差项。

针对动态面板模型的估计方法有差分广义矩估计方法 (Different-GMM，DIF-GMM) 和系统广义矩估计方法 (System-GMM，SYS-GMM)。Blundell 和 Bond (1998) 认为使用系统广义矩估计方法能够提高模型参数估计的有效性，能够克服自变量滞后项与自变量差分滞后项因相关性不高而导致的弱工具变量问题。另外，Roodman (2006) 指出 SYS-GMM 是更有效的，它综合考虑了变量的差分变化和水平变化的信息。考虑到研究样本数据的局限性，本章用解释变量的一阶滞后值作为工具变量。

表 2-3 报告了采用 SYS-GMM 和 DIF-GMM 的回归结果。表 2-3 中模型 1 至模型 5 是 SYS-GMM 估计结果，模型 6 是 DIF-GMM 估计

结果。从 SYS-GMM 估计结果看，通过逐步引入其他影响因子变量，总体上模型的回归结果是显著的。另外，从 SYS-GMM 估计和 DIF-GMM 回归结果也可以看出，回归结果符号方向基本一致，且在统计上显著，这表明其回归结果是稳健的。在 SYS-GMM 和 DIF-GMM 估计中，一是利用 Sargan 检验工具变量过度识别问题，检验结果表明不能拒绝"所有工具变量均有效"的原假设，从表 2-3 中也可以看出，Sargan 检验的 p 值都大于 0.1；二是使用 Arellano-Bond 统计量检验广义矩估计中扰动项序列相关问题，二阶序列相关 AR（2）检验结果表明，扰动项差分存在一阶自相关，但不存在二阶自相关，支持估计方程的扰动项不存在二阶自相关的假设。综合 Sargan 检验和 Arellano-Bond 统计量检验说明，本章设定的模型是合理的，工具变量也是有效的。

因此，本章把 SYS-GMM 模型 5 回归结果与基准回归中模型 2 的估计结果进行对比，发现模型 2 和模型 5 中各变量的估计符号是一致的，这进一步说明了本章设定模型的稳健性和科学性，同时也说明本章使用模型 2 作为基准回归进行分析是切实可行的、稳健的。

表 2-3 动态面板回归结果

变量	模型 1 SYS-GMM	模型 2 SYS-GMM	模型 3 SYS-GMM	模型 4 SYS-GMM	模型 5 SYS-GMM	模型 6 DIF-GMM
$L1.erq$	0.326*** (3.18)	0.196*** (4.87)	0.211*** (3.88)	0.256*** (5.98)	0.18*** (3.43)	0.088** (2.16)
xfp	9.088*** (2.76)	10.628*** (2.74)	10.608*** (2.86)	10.142*** (3.39)	11.093*** (4.71)	17.014*** (3.66)
$xfp \times xfp$	-0.43** (-2.46)	-0.512*** (-2.65)	-0.515*** (-2.8)	-0.514*** (-3.54)	-0.572*** (-5.14)	-0.845*** (-3.79)
$zztz$	-0.385*** (-4.57)	-0.456*** (-9.6)	-0.546*** (-6.03)	-0.313*** (-2.78)	-0.487*** (-3.59)	-0.533*** (-2.82)
xfq	0.925*** (6.15)	1.03*** (5.54)	1.007*** (6.18)	1.127*** (6.89)	1.038*** (6.04)	1.142*** (6.66)
$czzc$		-5.442** (-2.51)	-5.179** (-2.4)	-4.199** (-2.09)	-3.169 (-1.58)	-6.53** (-2.43)

续表

变量	模型1 SYS-GMM	模型2 SYS-GMM	模型3 SYS-GMM	模型4 SYS-GMM	模型5 SYS-GMM	模型6 DIF-GMM
$czzc \times czzc$		0.367** (2.55)	0.347** (2.43)	0.295** (2.39)	0.219* (1.69)	0.429** (2.42)
$jrfz$			0.523*** (2.82)	1.365*** (4.7)	1.526*** (4.74)	1.685*** (3.47)
scy				-0.993** (-2.2)	-1.793*** (-3.73)	-4.696*** (-4.35)
$rjgdp$				1.828** (2.49)	1.712*** (2.68)	5.147*** (4.08)
$shouru$					1.286*** (2.86)	0.716 (1.06)
$renkou$					0.720*** (4.05)	4.715*** (2.64)
$\_cons$	-46.753*** (-3.00)	-33.329** (-2.52)	-33.858*** (-2.68)	-49.542*** (-4.7)	-65.729*** (-15.31)	-119.824*** (-4.99)
AR1-检验	-1.698 [0.0894]	-1.907 [0.0564]	-1.860 [0.0629]	-1.813 [0.0698]	-1.797 [0.0723]	-1.904 [0.0569]
AR2-检验	0.578 [0.5628]	0.776 [0.4376]	0.941 [0.3469]	1.062 [0.2882]	0.721 [0.4707]	0.313 [0.7539]
Sargan 检验	126.112 [0.1397]	120.361 [0.1960]	114.658 [0.2888]	103.554 [0.5216]	83.211 [0.9238]	38.095 [0.7218]
观测值	60	60	60	60	60	60

注：1. 圆括号里的数据为估计系数的 t 值，方括号里数据为统计量的 p 值；2. ***、**、*分别表示在1%、5%、10%的显著性水平下显著；L1. 代表对应变量的滞后一期。

三 分时段分析

由于二手住房市场存在周期性波动，且在不同时期房地产市场面临的外部环境不一样。因此，为了更好地考察影响二手住房市场的因素，本章进一步分时间阶段进行了估计和检验。首先将中国四个一线城市 2005—2020 年样本数据分为 2005—2010 年、2011—2015 年、2016—2020 年三个阶段，表 2-4 中模型 1 至模型 3 分别报告了各时段具体回归结果。

由表 2-4 分时段模型回归可知，模型 1（2005—2010 年）的新建住房成交量、房地产开发企业住房投资、金融发展、经济增长和结构改善五个变量估计结果显著，且其回归系数符号与基准回归结果是一致的；新建住房成交价格变量、城市基础设施建设、收入水平三个变量不显著，但是，符号与基准回归是一致的，城市人口数量同样不显著，但是其符号是相反的。模型 2（2011—2015 年）的新建住房成交量、经济发展水平、收入水平、城市人口数量四个变量通过了显著性检验，其中收入水平符号为负，与基准回归不一致，其他三个变量与基准回归一致。模型 3（2016—2020 年）中的所有变量均没有通过显著性检验。分析认为，一是由于把样本期内的时间跨度分为三个阶段，直接减少了样本量，特别是用于考察时间趋势的影响因素，造成影响的不确定性和波动性增加，从而造成回归结果的不一致。二是 2005—2020 年可以说正是我国房地产市场整体上升并走向成熟的时期，但是，在不同的阶段其面临的外部环境和周期性是不一样的，例如 2008 年受国际金融危机影响，随后房地产市场快速走向低迷，但是在国家刺激政策下也出现了回升；再如 2016 年开始的全国房地产市场攀升，后期在国家"坚持房子是用来住的、不是用来炒的定位，加快建立多主体供给、多渠道保障、租购并举的住房制度"政策影响下，房地产逐渐趋稳和下行，上述这些不同时期面临的环境都极大地影响了二手住房市场的活跃度和成交情况，因此在缩减时间跨度的情况下出现回归结果的不一致，也是正常的。

为进一步考察不同时期的影响差异，将放宽时间跨度，即将中国四个一线城市 2005—2020 年样本数据分为 2005—2012 年、2013—2020 年两个阶段，表 2-4 中模型 4、模型 5 分别报告了对应时段具体回归结果。模型 4（2005—2012 年）的新建住房成交量、新建住房成交价格、金融发展、经济增长和结构改善、收入水平六个变量估计结果显著，且其回归系数符号与基准回归结果是一致的。模型 5（2013—2020 年）的新建住房成交量、新建住房成交价格、经济增长和结构改善、城市人口数量五个变量通过了系数显著性检验，且其回归系数符号与基准回归结果是一致的。通过对比两种分时间阶段模型回归结果，延长时间跨度后，通过显著性检验的变量增多，例如模型1和模型4对比，显著性的估计系数由5个增加至8个；对比模型3和模型5可以看出，模型3没有变量通过显著性检验，而模型5的显著性估计系数直接增加至6个。总的来说，通过延长时间跨度、增加样本，能够有助于增强变量检验的显著性，也进一步说明了本章模型设定的准确性以及影响二手住房市场因素的复杂性。

表 2-4　　　　　　　　　分时段回归结果

变量	模型1 2005—2010年	模型2 2011—2015年	模型3 2016—2020年	模型4 2005—2012年	模型5 2013—2020年
xfq	0.813*** (7.87)	1.823* (2.86)	0.616 (1.8)	0.877*** (3.64)	0.825* (2.48)
xfp	13.459 (1.00)	8.167 (0.37)	−32.17 (−1.33)	21.89** (2.3)	33.02** (5.49)
$xfp \times xfp$	−0.695 (−1.01)	−0.367 (−0.32)	1.664 (1.39)	−1.15** (−2.27)	−1.554*** (−5.6)
$zztz$	−0.554* (−2.72)	1.498 (1.23)	0.31 (0.32)	−0.245 (−0.61)	1.471 (1.37)
$czzc$	0.723 (0.24)	−16.367 (−1.2)	−0.697 (−0.04)	0.689 (0.15)	−17.891 (−0.94)
$czzc \times czzc$	0.049 (0.12)	1.058 (1.11)	0.081 (0.07)	−0.013 (−0.04)	1.112 (0.88)
$jrfz$	4.488** (3.77)	0.213 (0.3)	4.057 (2.11)	3.748** (2.77)	1.283 (0.98)
scy	−7.742* (−2.64)	−4.365 (−1.49)	1.054 (0.17)	−6.941*** (−2.89)	−10.167* (−2.69)
$rjgdp$	12.454* (2.53)	10.547* (2.6)	−0.557 (−0.06)	10.447*** (2.87)	8.295** (3.26)
$shouru$	0.435 (1.63)	−3.017* (−2.51)	−2.67 (−1.02)	0.519* (2.04)	−0.701 (−0.41)
$renkou$	−1.618 (−0.27)	1.041* (2.31)	−2.958 (−0.29)	1.746 (0.44)	8.658* (2.64)
$\_cons$	−139.121 (−1.03)	−51.891 (−0.65)	198.222 (0.78)	−185.941** (−2.78)	−170.5 (−1.94)

续表

变量	模型 1 2005—2010 年	模型 2 2011—2015 年	模型 3 2016—2020 年	模型 4 2005—2012 年	模型 5 2013—2020 年
观测值	24	20	20	32	32
城市数量	4	4	4	4	4

注：***、**、*分别表示在1%、5%、10%的显著性水平下显著。

第五节　本章小结

伴随房地产市场的发展和逐步走向成熟，一线城市逐步进入以二手住房为主的时代，且二线城市的核心城区也在逐步迈入以二手住房为主的时代，然而，我们发现关于二手住房相关方面的研究较少，而系统的研究几乎没有。二手住房市场的影响因素是多方面，且不同的影响因素作用的大小、机理也不尽相同。因此，本章首先以房地产市场发展较为成熟的北京、上海、广州、深圳四个一线城市为例就二手住房的影响因素进行较翔实的理论分析；其次，在此基础上，结合变量数据的可选择性，选择用二手住房的成交量变动来反映二手住房市场的整体变动情况，并从新建住房成交量和成交价格变动情况、房地产开发企业住房投资情况、城市基础设施建设、经济增长和结构改善情况、金融发展情况、市场需求情况六个方面选择了九个变量进行了实证分析，时间跨度为 2005—2020 年。研究结论主要体现在以下几个方面。

第一，从二手住房市场特征来看，四个一线城市差异较大。一是四个一线城市进入以二手住房为主的时代的时期不同，深圳是最早进入以二手住房为主的时代的城市，北京 2015 年后进入，上海正在逐步进入以二手住房为主的时代，广州仍然是以新建住房为主。二是上海市二手住房交易规模除个别年份外，多数年份所占比重最大，且明显大于其他城市。三是深圳二手住房在前期交易规模大于北京和广州，在 2008 年后被北京超过，随后也逐渐被广州超越，这可能和深圳的建成区面积和整体规模相关。

第二，二手住房市场与新建住房市场之间存在强烈的联动关系，即新建住房成交量每增长 1 个百分点，会降低二手住房成交量 0.9619 个百分点。

第三，二手住房成交量与新建住房成交价格之间呈现显著倒"U"形关系，并不是单纯的线性关系，新建住房成交价格在上涨的初期会显著促进二手住房成交量的增长，即新建住房和二手住房之间互为替代性产品；当新建住房价格上涨到一定程度则会抑制二手住房成交量的增长。分析认为，一方面由于新建住房价格的上涨，购买新建住房成本上升，就会把一部分客户挤出并进入二手住房市场，从而增强了二手住房市场活跃度和成交量；另一方面，当新建住房价格上涨到一定程度，由于二手住房市场和新建住房市场的同周期性，必然都将面临房地产市场政策调控、收入购房成本不匹配的问题，从而出现二手住房成交规模下降的现象。

第四，房地产开发企业住房投资的增加会显著抑制二手住房的成交量，即房地产开发企业住房投资增长 1 个百分点，会提高二手住房成交量 0.699 个百分点。

第五，城市基础设施建设与二手住房成交量之间呈现"U"形关系，且四个一线城市多数年份都处在"U"形曲线的右侧。分析认为，城市财政支出的增加有助于城市基础设施的改善。城市环境的改善，加之老城区教育整体较好的发展，必然会吸引更多的购房者考虑二手住房，从而促进二手住房市场的活跃度和成交量的上升。

第六，金融发展有助于活跃二手住房市场和增加成交规模。分析认为金融发展促进了资金融通效率，让更多的购房者能够获取金融的支持，进而购房者有资金、有实力进入二手住房市场，并考虑购买二手住房。

第七，经济发展水平越好，越有助于活跃二手住房市场和促进成交量的增加，分析认为，经济发展水平越好的城市，其相应的消费能力、基础设施、整体环境越好，这就会吸引更多的居民进入二手住房市场，且有能力变现，从而促进了二手住房市场的活跃度和成交量的增长。

第八，城市收入水平和人口数量的增长能够带动整体的市场需求，能够有助于活跃二手住房市场和增加成交量。

另外，在基准回归的基础上，采用延长所有变量的滞后期和 SYS-GMM 两种方法进行了稳健性检验分析，结果表明，本章设定模型是合理的，本章回归结果是稳健的。通过分时段回归分析表明，延长时间跨度、增加样本，有助于增强变量检验的显著性，也进一步说明了本章模型设定的准确性以及影响二手住房市场因素的复杂性。

总的来说，对四个一线城市二手住房市场影响因素进行深入的剖析以及实证研究，表明深圳最早迈入以二手住房为主的时代，时间跨度长，也进一步印证了本书选择深圳为例构建二手住房市场监测预警指标体系是可行的，也是更优的。

第三章 深圳二手住房市场现状特征及影响分析

深圳作为中国改革开放的窗口、第一个经济特区等，经济发展迅速、增长较快，创造了举世瞩目的深圳速度。因此，深圳经济的繁荣开放、人口的大量涌入，极大地推动了房地产业的快速发展，并于1980年诞生中国第一个商品房小区——东湖丽苑。房地产业的快速发展，加之经济发展水平的上升和收入的增长，使深圳在城市建设和房地产成熟度上位于全国前列，其最大的表现就是二手住房的快速发展，且也是全国少有的几个成交规模超过新建住房的城市。因此，本章在分析深圳二手住房现状和特征基础上，对深圳二手住房的影响因素展开深入分析。

第一节 深圳二手住房市场现状特征

一 二手住房成交规模情况

第一，深圳二手住房成交规模较大，且已持续多年高于新建住房。1988年，深圳出现国内第一家房地产中介服务公司——国际房地产中介服务公司，率先开创中国二手住房中介服务先河。自此，深圳二手住房市场不断发展，市场越来越活跃，二手住房交易规模日益扩大，到2020年深圳二手住房成交面积高达822.18万平方米，且高于同期的一手住房（新建住房）成交面积752.27万平方米，约是后者的1.1倍。

图3-1给出2004—2020年深圳二手住房成交情况，从中可以看

出，二手住房成交面积自2006年超过一手住房后，仅2008年、2012年、2014年、2018年四个年份成交面积低于新建住房成交面积，其中除2008年受国际金融危机等影响造成成交面积下降较大外，其余年份比值均在0.9以上，总体上说明深圳自2006年开始已进入以二手住房为主的新时代。同时也可以看出，二手住房成交面积与新建住房成交面积的比值越来越趋于稳定，波动幅度较前期减小。从时序上看，2009年是二手住房成交面积最大的年份，达1226.58万平方米，而成交面积最小的年份则是2008年，仅350.93万平方米。从成交面积比值上看，虽然2004—2020年比值上下起伏较大，但总体上仍呈现上升趋势，其中比值最大的年份出现在2010年，相当于新建住房的2.4倍。

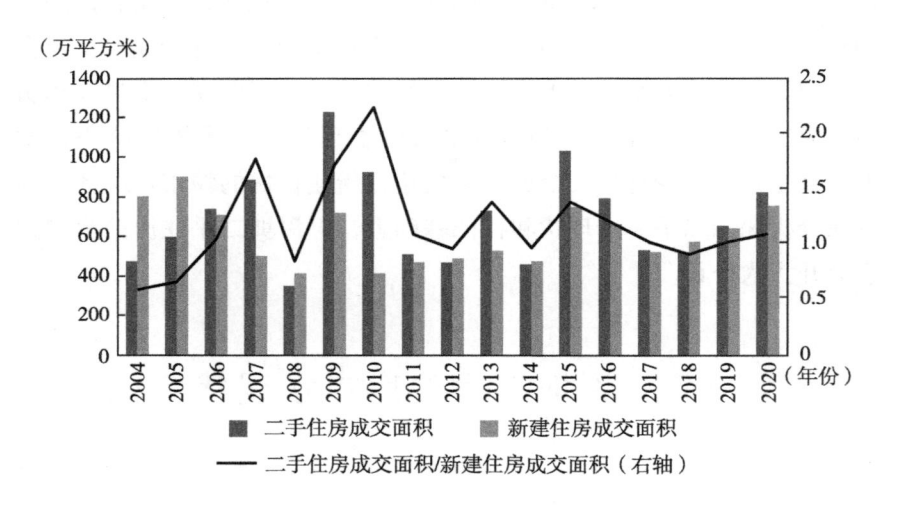

图3-1 深圳二手住房成交情况

第二，深圳二手住房各区成交情况存在一定的差异性（见图3-2）。总体上看，各区二手住房成交面积波动较大，但波动趋势基本一致，周期性相似。具体来看，在2009年之前，福田、南山、罗湖二手住房成交面积较大，且高于宝安、龙岗、盐田；但在2009年及之后，宝安、龙岗二区后来者居上，二手住房成交面积基本上高于关内三区（罗湖、福田、南山）。上述现象也基本反映了深圳的房地产现实，关内各区房地产开发、城市建设均早于关外（盐田、宝安、龙岗），相对较成熟，从而也更早地进入以二手住房为主的时代。

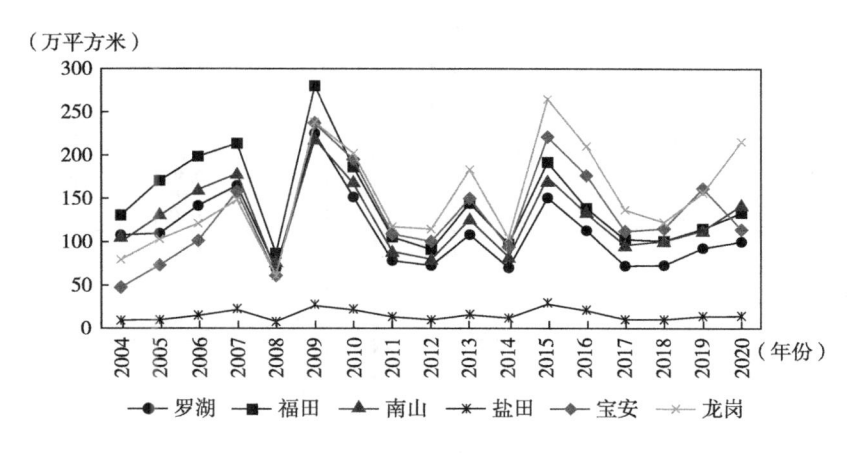

图 3-2 深圳六区二手住房成交情况

第三，各区二手住房成交面积与新建住房成交面积比值也存在较大的差异性（见图 3-3 和表 3-1）。总体上看，各区二手住房成交面积与新建住房成交面积比值起伏较大，但波动趋势具有一致性，且整体上均呈现上升趋势。具体来看，开发较早的罗湖、福田二手住房成交面积和新建住房成交面积的比值较大，且远高于其余各区，其中罗湖在 2010 年达到最大值，为 17.99；福田在 2020 年达到最大值，为 12.07。

具体来看，关内三区二手住房市场活跃度普遍高于关外，且罗湖、福田、南山三区在 2006 年后，二手住房成交面积均高于新建住房成交面积；而宝安、龙岗除个别年份外，二手住房成交面积均低于新建住房成交面积，但是，近年来二手住房成交面积有上升趋势。这也进一步反映了深圳房地产开发的不均衡，分析认为这比较符合城市中心—外围理论，主要原因是深圳最早发端于罗湖、福田，由点到面逐步向外开发，从而形成关内和关外的差异性。总的来说，深圳房地产市场整体上进入了以二手住房为主的新时期，但是各区之间仍然具有较大的差异，特别是关内和关外各区之间尤为明显。

表 3-1　　深圳六区二手住房与新建住房成交面积比值情况

年份	罗湖	福田	南山	盐田	宝安	龙岗
2004	1.29	1.04	0.37	0.55	0.28	0.58
2005	1.09	0.99	0.82	0.47	0.27	0.56
2006	2.66	2.52	1.33	0.87	0.42	0.63
2007	5.25	4.34	2.79	1.25	0.89	0.91
2008	3.07	3.48	1.02	0.60	0.40	0.44
2009	5.09	6.56	1.24	1.14	0.97	0.91
2010	17.99	9.99	2.21	1.64	1.75	1.29
2011	13.79	7.72	1.99	1.05	1.04	0.77
2012	5.76	5.63	1.35	1.21	0.49	0.70
2013	9.04	4.51	2.11	2.38	0.68	0.77
2014	5.01	6.04	1.53	1.93	0.69	0.49
2015	5.72	8.30	1.73	2.27	0.83	0.89
2016	5.64	5.34	1.25	1.21	1.02	1.16
2017	11.18	7.32	2.37	19.40	1.10	1.29
2018	8.44	5.85	1.33	1.62	0.72	0.72
2019	12.16	3.60	2.09	0.67	0.73	0.96
2020	7.55	12.07	2.64	0.83	0.74	1.00

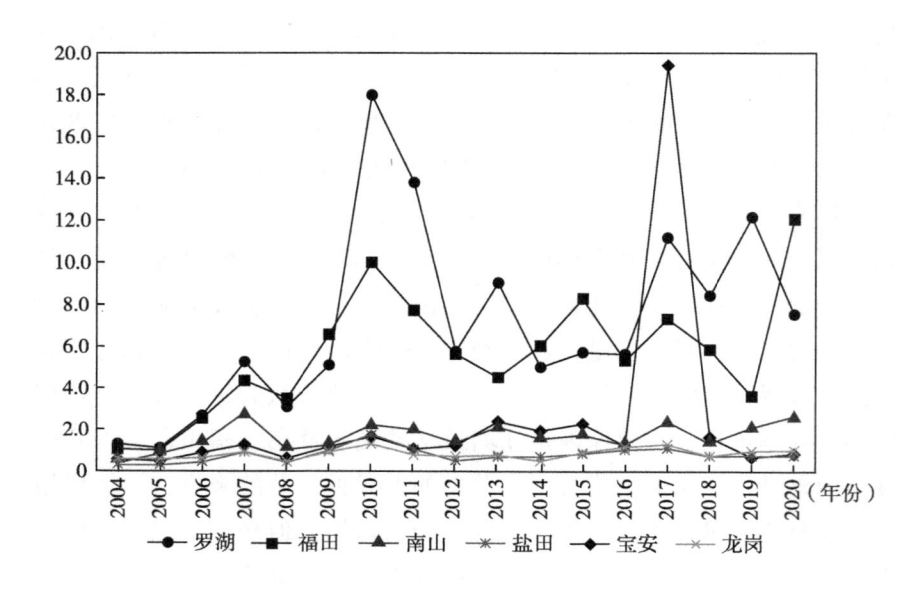

图 3-3　深圳六区二手住房与新建住房成交面积比值情况

二 二手住房成交价格情况

一是长期来看，二手住房价格总体上呈上涨趋势。从图3-4可以看出，在时间趋势上看，2004—2010年二手住房价格上涨较为缓慢，随后连续两年上涨较快，2013年后涨幅再次收窄，2015年后二手住房价格伴随房地产市场的走热，再次出现大幅度上涨，而且持续周期较长；而且到2020年二手住房价格首次超过新建住房成交价格，约为新建住房价格的1.04倍。

二是长期以来，二手住房成交价格相对新建住房具有价格优势。从图3-4可以看出，二手住房成交价格相对较好的时期是2010年，此时二手住房成交价格仅相当于新建住房成交价格的28%，二者之间的差距相对较大。从趋势上看，2004—2010年新建住房成交价格与二手住房成交价格之间的差距呈扩大趋势，随后连续两年收窄，但从2013年后二者之间的价格差距再次呈扩大趋势，其中2016年差距尤其明显；然而，在2016年之后伴随二手住房成交价格的持续快速上涨，成交价格相对差距在逐步缩小，且在2020年超过新建住房成交价格。

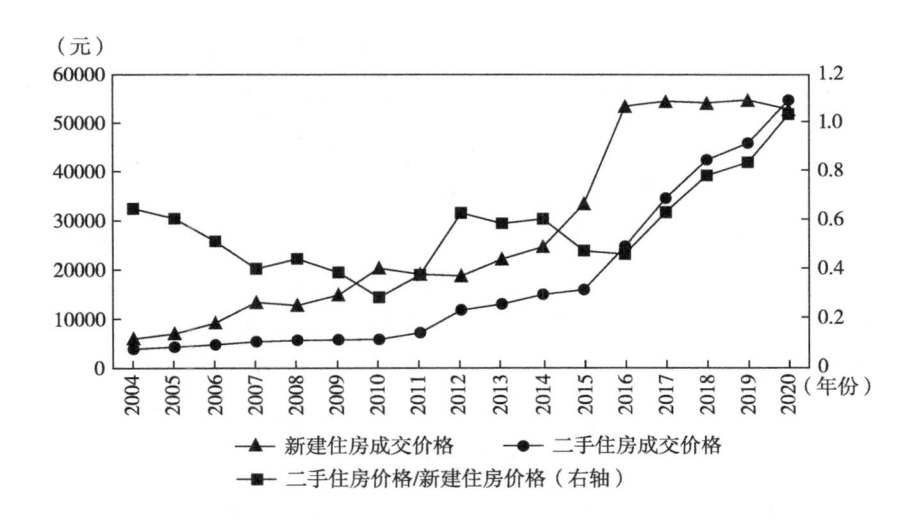

图3-4 近十年新建住房价格与二手住房价格走势

总的来说，一方面深圳房地产开发较早，尤其是关内地区，市场经过多年的发展，社会上已有了大量的住房存量，且在核心城区新建住房越来越少，进而造成想在核心城区购房所能选择的余地、范围越来越小；另一方面，伴随经济的快速发展以及人口的大量涌入，增加了社会对住房的基本需求以及改善需求，加之房价的快速上涨也带动了社会投资、投机需求。最终在上述两个方面因素的影响下，推动了二手住房市场的快速发展，并较早地进入了以二手住房为主的时代。尽管如此，2017年后伴随国家房地产调控政策的推出，特别是"房子是用来住的，不是用来炒的"基调的提出，给前期走热的房地产市场带来了"刹车"和"降温"，但是深圳出现新建住房和二手住房倒挂的现象，即新房价格走稳、二手住房价格持续上涨的现象，这也说明市场的炒作、投资、投机现象仍然较大，未来二手住房不确定性加剧，且极有可能再次低于新建住房成交价格。

第二节　深圳二手住房市场影响因素

分析一个买卖市场最关键的就是看这个市场有没有需求，需求又受哪些因素影响？有没有供给，供给受哪些因素影响？本章将从这两个方面尽可能翔实地研究分析二手住房市场的影响因素。

一　二手住房市场需求影响因素

一般来说，多数商品仅具有以使用为目的需求，但也有少部分物品可以用来保值增值，以对冲通货膨胀，避免财富贬值，乃至获取高额的收益。恰好，近年来伴随房地产的持续繁荣和房价高涨，让住房不仅仅具有使用需求，还让更多的人意识到了保值增值的投资需求，乃至投机操作需求。从而也使二手住房需求的影响因素具有了不同于一般商品的特点，具体因素有五大方面。

（一）价格水平：二手住房成交价格和新建住房成交价格

决定商品需求的一个重要因素就是价格，二手住房亦不例外，也遵循着这一规律，即二手住房成交价格越低，对应的有效需求量就会越多，反之，二手住房成交价格越高，有效需求量就会越小。尽管如此，二手住房市场和新建住房市场之间有着密切联动关系，二手住房和新建住房之间存在高度的替代性，而且在区位、价格、品质等条件相同的情况，新建住房更受欢迎。因此，研究分析价格对二手住房的需求影响，不能只分析二手住房成交价格，还要联系新建住房成交价格一起来研究。

通常情况下，当新建住房成交价格上涨时，会有一部分购房者转向购买二手住房，从而造成对二手住房的有效需求短期内快速上升，进而引致二手住房成交价格的上涨；反之，当新建住房成交价格下跌时，在住房品质、区位等条件基本相同的情况下，购买者更倾向于购买市场上的新建住房，从而造成二手住房市场需求量下降，进而也会引致二手住房成交价格下降。究其根源，这也同住房市场的特点密切相关，一是二手住房相对新建住房来说，已经折旧了，会有贬值；二是二手住房市场存在更强的信息不对称性，购房者处于信息的弱势地位；三是购房者的心理效应，买二手住房，心里会有排斥感。也正是上述三个方面原因，让二手住房相对于新建住房处于弱势地位。

从图 3-5 也可以看出，单独地分析二手住房成交价格和成交趋势，二者之间的关系并不明显，反倒是新建住房成交价格同二手住房成交量关系更直观，尤其是当新建住房成交价格快速上涨时，二手住房成交面积增长也较快。但是从图 3-6 可以清晰看出，二手住房成交价格的相对数情况（二手住房成交价格/新建住房成交价格）与二手住房成交面积之间关系更为密切，当二手住房成交价格的相对数下降时，二手住房成交面积多数情况下会上升；反之，二手住房成交价格相对数增加时，二手住房成交面积多数情况下会下降。从图 3-7 可以更清晰地看到，二手住房成交面积的相对数（二手住房成交面积/新建住房成交面积）与二手住房成交价格的相对数之间的关系更为密切、直观，二者之间存在较强的负相关关系，即当二手住房成交价格的相对数减小时，二手住房成交面积的相对数则会增加，且减小得越快，相应增加得也越多，反之亦然，也反映了二手住房和新建住房之间在需求上的强烈替代性。这也进一步说明，前述关于二手住房成交价格、新建住房成交价格、二手住房有效需求的分析是正确的。

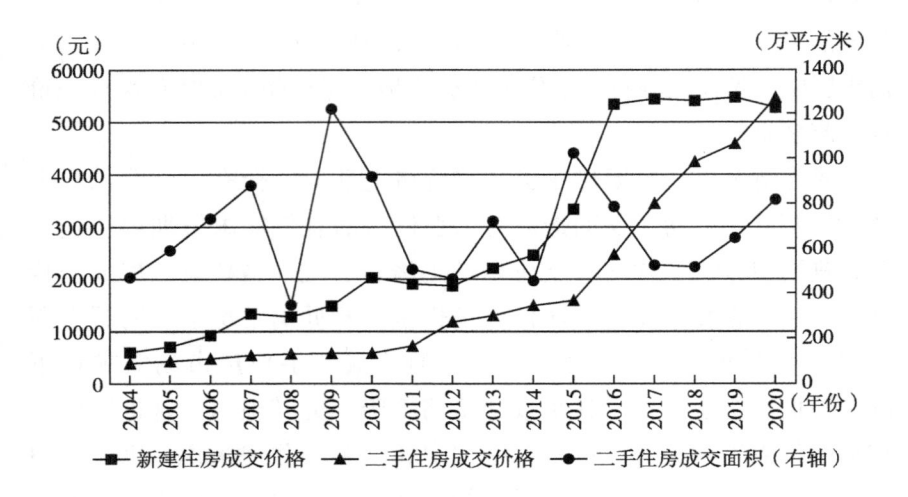

图 3-5　住房价格走势和二手住房成交面积情况

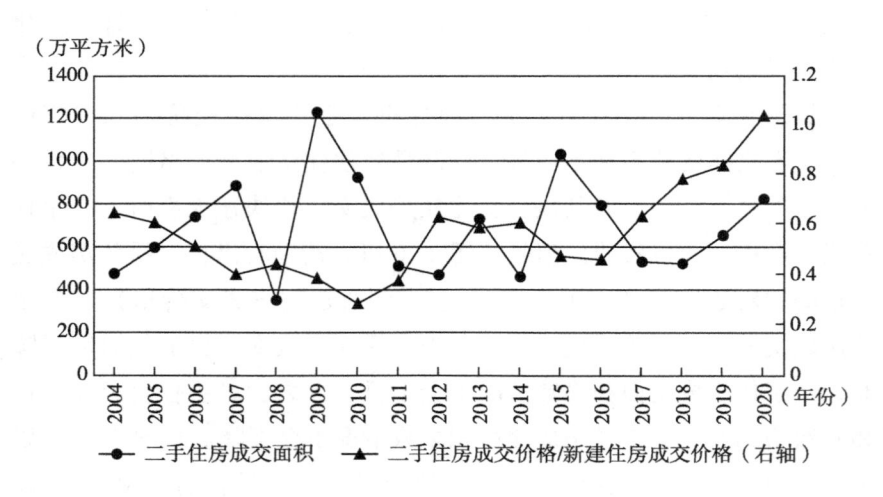

图 3-6　二手住房成交价格与二手住房成交面积情况

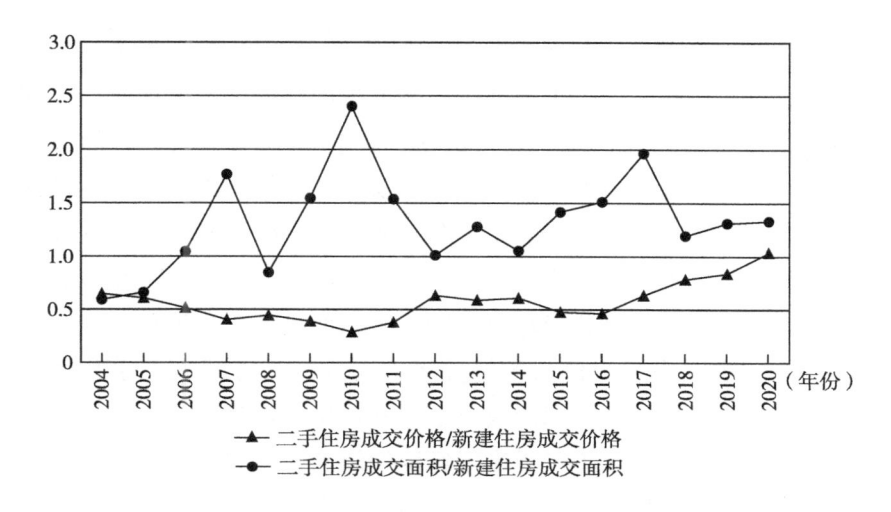

图 3-7　二手住房成交价格与成交面积情况

（二）收入水平

收入对商品的购买具有至关重要的影响，这也是为什么我们在分析问题时常使用"有效需求"，而不是"想买"等词汇，这是因为产生有效需求，需要想买加上能承担得起价格。通常情况下，一个国家或地区经济持续繁荣，则居民的收入水平情况也会宽裕，相应的生活品质、消费品质以及对美好生活的追求也会提高，这时，无房者会想着购买住房，有房者可能会想着改善住房条件而购买更好的住房，从而增加了二手住房的需求。反之，当地区的经济处于衰退、下行时，也往往会造成居民的收入水平下降，这时，居民为了满足最需要、最迫切的消费，就会节省支出，就会降低对住房这种高支出商品的需求，甚至会抛售已购的住房。由此看出，居民收入水平的变化，会影响到居民的消费倾向，进而影响到对住房购买与否的决断。

图 3-8 给出了 2004—2020 年深圳人均可支配收入、人均国内生产总值以及在岗职工平均工资与二手住房成交面积的趋势情况。可以看出，当经济发展较好且收入持续上升时，二手住房的购买需求也会持续增加。但是，居民对未来经济和收入情况的预期也会对二手住房需求产生重要影响，例如，2008 年的人均可支配收入、人均国内生产

总值等延续了之前几年的增长情况，但是 2008 年的二手住房成交面积急剧下降，分析认为，由于国际金融危机的影响，大大地减少了居民对二手住房的购买；随后又受国家 4 万亿元投资的刺激，居民在 2009 年又普遍认为，经济会呈"V"形反弹，经济会继续变好，从而也造成 2009 年二手住房成交面积的快速反弹，且是近年来二手住房成交面积的最高值；又如 2017 年后伴随国家"房住不炒"政策总基调的提出，房地产市场趋稳甚至有所下降，但是，在二手住房成交价格远低于新建住房成交价格的情况下，大量购房者涌入二手住房市场，造成二手住房成交面积的快速增长和价格的攀升。这也进一步说明，居民对住房的需求不仅受当下经济发展和收入水平的影响，还受居民对未来经济发展和收入水平的预期的影响。

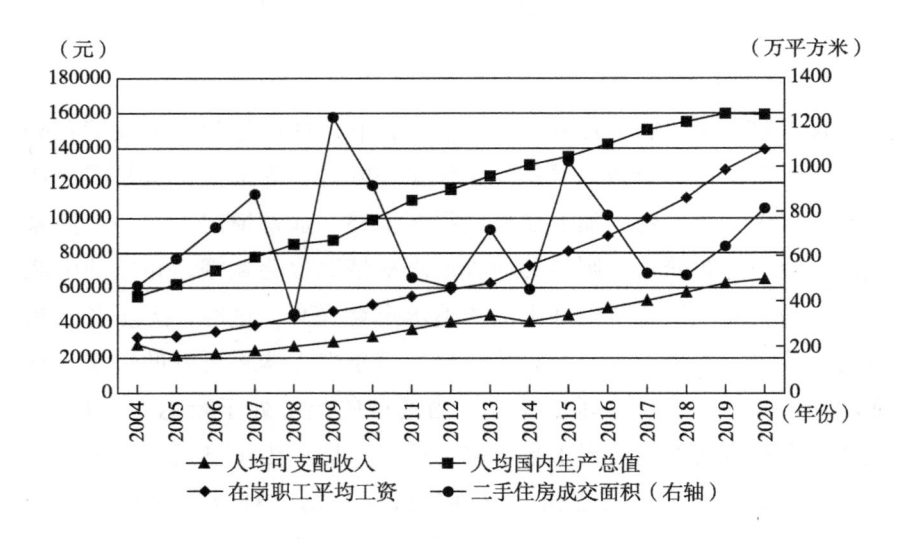

图 3-8　深圳经济发展、收入水平同二手住房成交面积的趋势情况

（三）城市人口总量、家庭人口结构及就业人数情况

对住房的有效需求必然是由人产生的，因此人口数量的变化，特别是快速的变化会对住房需求产生深远影响。而一个地区人口总数的增加无外乎本地区的自然增长和外来人口的迁移，因此，本章将从这两个方面分析其对二手住房的影响。第一，城市人口的自然增长对二

手住房需求的影响主要体现在两个方面。一是新增长的人口对住房产生需求一般要在多年后才会产生影响，一方面子女将来上学择校会促进父母购买二手住房，另一方面新增人口将来要结婚或工作后买房，可以说这一影响更多是潜在需求，而且是在多年后，对当下影响不大；二是家庭新增人口后，虽然会产生改善性需求购房，但是家庭新增人口后，由于抚养子女花费增加，进而造成家庭用于住房需求支出的费用减少，从而降低了对未来住房的需求。总的来说，考虑到深圳是一个以外来人口为主体的城市，人口的自然增长对二手住房需求的影响可以忽略不计。

第二，外来迁移人口对深圳住房需求的影响较大。通常来说，迁移来的人口多是青壮年，收入较高，且对未来有着良好的预期。深圳每年都吸引了大量包括刚毕业的大学生在内的工作人员，虽然他们收入水平尚可，但是面临持续上涨的高房价以及不断攀升的房价收入比，让不少人对新建住房望而却步，而不得不转到二手住房市场，从而造成对二手住房需求的快速增加。此外，较早迁移到深圳的外来人口，伴随收入水平、家庭财富的不断增加以及家庭新增子女等，也会对住房产生改善型需求，子女要上学也会产生择校住房需求，上述这些也会拉动二手住房需求量的快速增加。

图3-9给出了2004—2020年深圳常住人口数量与二手住房成交面积的趋势图。短期来看，无论是深圳常住人口数量，还是就业总人数，与二手住房成交面积之间的关系并不密切，在趋势上常住人口数量和总就业总人数呈现上升趋势，波动较小，而二手住房成交面积受到多种因素的影响，波动较大。长期来看，深圳二手住房成交面积一直维持在较高的水平上，二手住房市场相对活跃且对房地产市场的影响至关重要，而其对应的整体人口数量和就业总人数也是持续增长的。这进一步说明深圳的现实情况同前面分析城市人口数量对二手住房需求的影响是一致的，也说明了"长期看人口"的重要性。

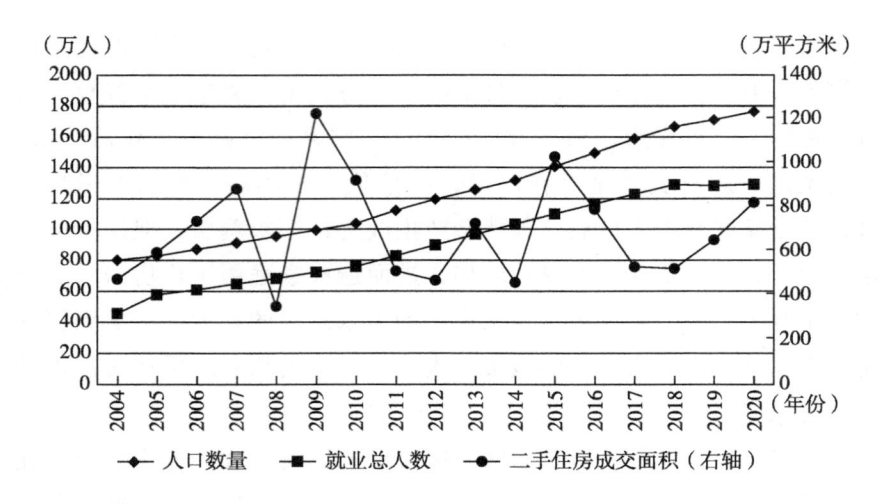

图 3-9 深圳常住人口和就业总人数同二手住房成交面积的趋势情况

（四）全社会存款、贷款情况

伴随房地产业的繁荣和房价的持续上涨，深圳一套房的总价款也越来越高，这就使家庭想购买房子直接全额付款越来越难。在这种情况下，一方面，家庭要在购房前储蓄较多的资金用来首付；另一方面，一旦首付准备好，买房还需要向金融机构贷款其余部分房款余额。因此，首先，家庭要买房就要储备好首付，这就需要不断地积蓄存款，以备将来的购房使用，从而出现当下储蓄存款的快速上升，这就意味着目前对购房需求的减少和对未来购房需求的增加。其次，家庭如果购房，在付首付后还需要贷款余额部分，从而出现当前贷款余额的快速增加，这就意味着对目前购房需求的增多，且信贷越宽松，贷款购房越方便，购房需求也会越多。

从图 3-10 可以看出，整体上当存款余额增长突然加快时，当前年度的二手住房成交面积相对较平稳，甚至会出现下降，但是在未来二手住房成交面积有增加趋势；相应地，当贷款余额增加时，意味着当前二手住房成交面积也会突然增加，而且未来二手住房成交面积会下降。尤其是在 2010 年后，这种情况更加明显，这进一步说明，伴随房价的快速上涨，家庭购房变得越来越困难，不得不积蓄大量的存款以便于购房付首付，同时在购房时还需要贷款相当多的资金来付房款剩余部分。

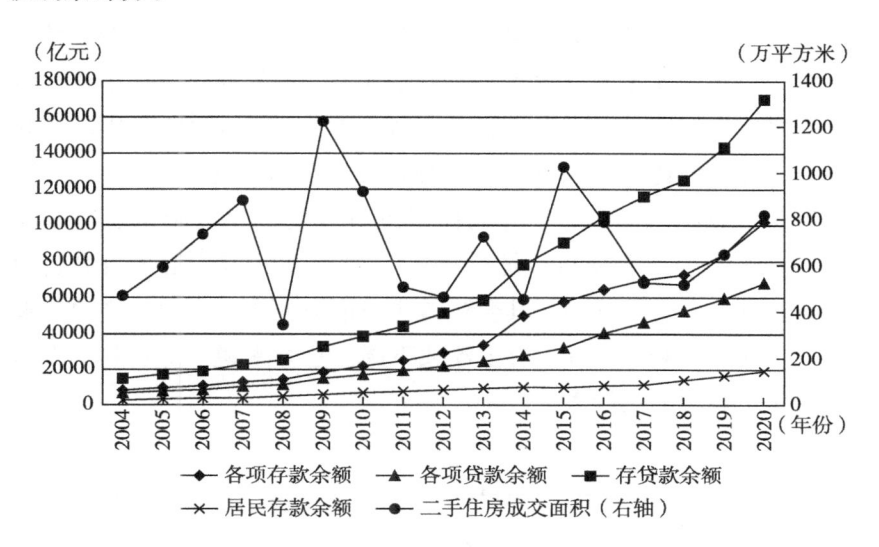

图 3-10 信贷规模与二手住房成交面积的趋势情况

（五）利率水平

利率是资本的成本、资本的价格，所以借款人要根据当前的利率水平向贷款人支付一定的金额来补偿机会成本和时间成本。调节利率也是当前央行调控房地产市场的重要手段，尤其是当前伴随房价的快速上涨，房款的总额越来越高，这也就迫使更多的家庭需要从银行贷更多的钱，以便于支付房款，从而也让利率作为调控手段越来越重要、越来越有效。

对购房者来说，利率水平变化有两个方面的影响因素。一方面，存款利率的高低会影响家庭是储蓄存款还是投资，若存款利率降低，家庭会减少储蓄，增加对房地产的投资需求，反之，会增加家庭储蓄，而减少购房需求。另一方面，贷款利率的高低会影响付完购房首付后剩余贷款额度部分的利息，而且，近年来伴随房价的上涨，贷款额度越来越高，这一影响也越来越大，当贷款利率提高时，贷款购房就需要支付更多的利息，因而会减少对二手住房的购买需求；反之当利率下降时，贷款购房需要支付的利息下降，从而也会增加对二手住房的购买需求。

图 3-11 给出了贷款利率与二手住房成交面积的趋势图，一般来说，购房贷款都是属于中长期贷款，因此，本章的贷款利率使用的是人民银行公布的 5 年期贷款利率。可以看出，贷款利率与二手住房成交面积之间存在明显的负相关关系，而且这一趋势在 2009 年后越来越明显，这同前述关于利率和二手住房需求的分析也是比较吻合的，意味着房价越来越高，二手住房的活跃程度受利率的影响也越来越大；2015 年后贷款利率虽然是不变的，但是，事实上各银行在执行时住房贷款利率是有差异的，其会跟随住房市场的热度和房地产政策调控要求，在基准利率基础上有上浮或下降。总体来说，房贷利率在短期对住房市场影响是较大的。

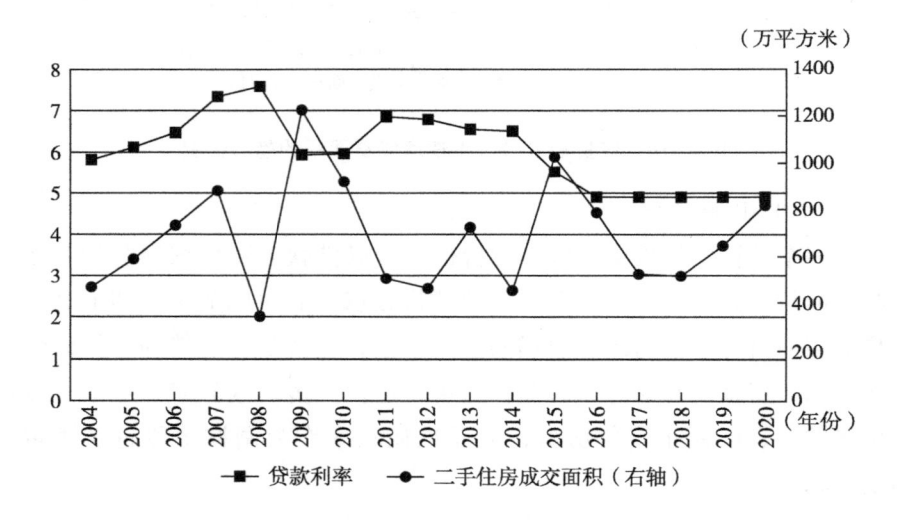

图 3-11 贷款利率与二手住房成交面积的趋势情况

（六）通货膨胀

通货膨胀反映了在一定时间内，货币超发而造成了物价水平持续上涨和资本不断贬值的情况。因此，通货膨胀的高低，会影响到居民对资产的配置，当通货膨胀较高时，居民会更倾向于当下消费，减少对货币的持有以及储蓄，还会增加对住房等固定资产的配置；反之，当通货膨胀下降或较低时，家庭会更倾向于未来消费，或者对现在消

第三章 深圳二手住房市场现状特征及影响分析

费、未来消费的选择无所谓,从而会降低对住房等固定资产的配置。

从图3-12中可以看出,当通货膨胀较高时,二手住房成交面积会出现下降;反之,当通货膨胀较低时,二手住房成交面积会较高;而当通货膨胀较温和时,此时二手住房成交面积波动不大,也较平稳。这也进一步说明,前面通货膨胀对二手住房需求的影响分析是准确的。

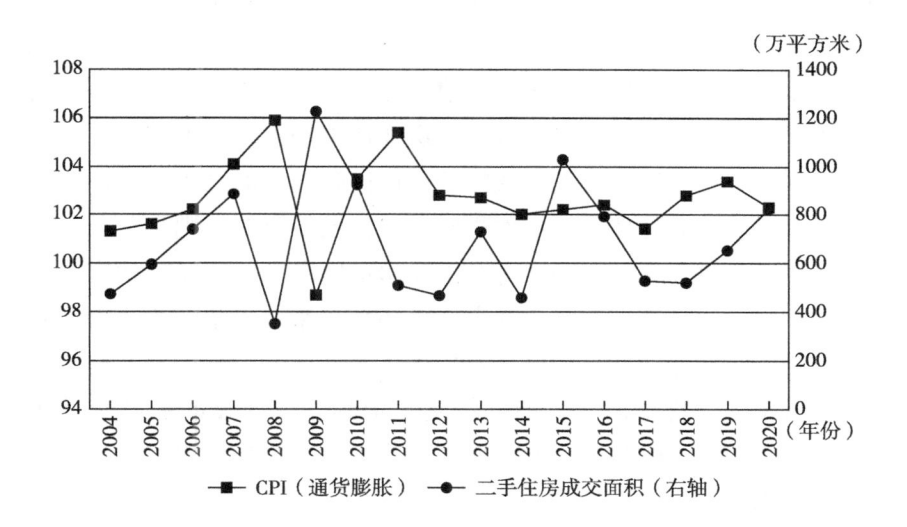

图3-12 通货膨胀与二手住房成交面积的趋势情况

(七)新建住房供应情况

通常来说,购房者在住房品质、区位等相同条件下,更会倾向于购买新建住房,甚至愿意以较高的价格购买新建住房。所以,在购房者的这种心理效应下,当市场上供给的新建住房较多或预计未来供给较多时,意味着购房者拥有了更多的选择性,会倾向于购房买新建住房,进而减少了对二手住房的购买需求。尽管如此,市场上新建住房的供应是由开发商来完成的,一般来说,房地产开发商会根据当前以及对未来房地产市场的情况和预期来决定是增加投资、增加供应,还是相应地放缓投资、减少供应。因此,本章基于二手住房需求和新建住房供给两个方面来进行分析。

图3-13给出了新建住房供应与二手住房成交面积的趋势情况,

可以看出，一是二手住房成交面积与新建住房批准预售之间具有较强的负相关关系，当新建住房批准预售面积下降时，二手住房成交面积会上升，且下降得越大、越快，二手住房成交面积增加得也越大、越快；当新建住房批准预售面积出现反弹上升时，二手住房成交面积也会相应地反弹增加；当使用新建住房批准预售面积与新建住房销售面积比进行分析时，这一现象更为明显，这进一步说明了新建住房供应充足会降低购房者对二手住房的需求，反之，则会增加对二手住房的需求。二是二手住房成交面积与新建住房竣工面积之间具有较强的负相关关系，即新建住房竣工得越多，房地产市场上供应的新建住房也越多，从而增加了购房者的可选择性，进而降低了对二手住房的购买需求量；反之，新建住房竣工面积处于低位或下降时，则会降低新建住房的供应，进而增加市场上对二手住房的需求。三是新建住房用地供应面积与二手住房成交量之间存在负相关关系，但是新建住房用地供应的影响具有滞后性，一般会滞后两年左右，这也比较符合经济现实，通常来说，房地产开发商从拿到土地到开发建设到能够批准预售，也需要相应的时间。因此，这可以作为分析二手住房需求量的一个前向指标。

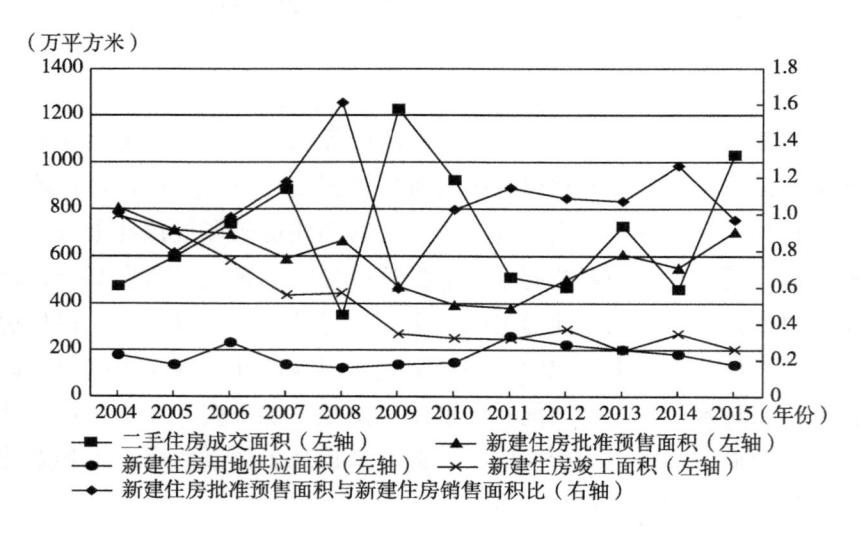

图 3-13　新建住房供应与二手住房成交量的趋势情况

第三章 深圳二手住房市场现状特征及影响分析 | 69

图 3-14 给出了房地产投资与二手住房成交面积的趋势情况，可以看出，一是在 2004—2009 年深圳房地产开发投资、住房开发投资相对较为平稳，有增有减，同期二手住房成交面积呈上升趋势；2010—2015 年房地产开发投资、住房开发投资呈现快速增长趋势，同期二手住房成交面积相应呈现快速下降后上下波动，再反弹增长的态势；2016—2020 年房地产开发投资、住宅开发投资继续保持快速增长趋势，同期二手住房成交面积先下降后上升。因此，很难分析清楚投资和二手住房成交面积之间的关系，有待下文进一步检验。二是地价对二手住房市场的影响，通常来说，当地价上涨时，会影响人们对未来房价上涨的预期，进而影响是否买房的行为决策。从图 3-14 中可以看出，每公顷地价的涨落会影响下一期的二手住房成交面积，分析认为，住宅用地价格上涨时，会增强人们对未来住房价格的预期，进而让人们加快置业的步伐，增加对住房购买的需求，所谓"买涨不买跌"。

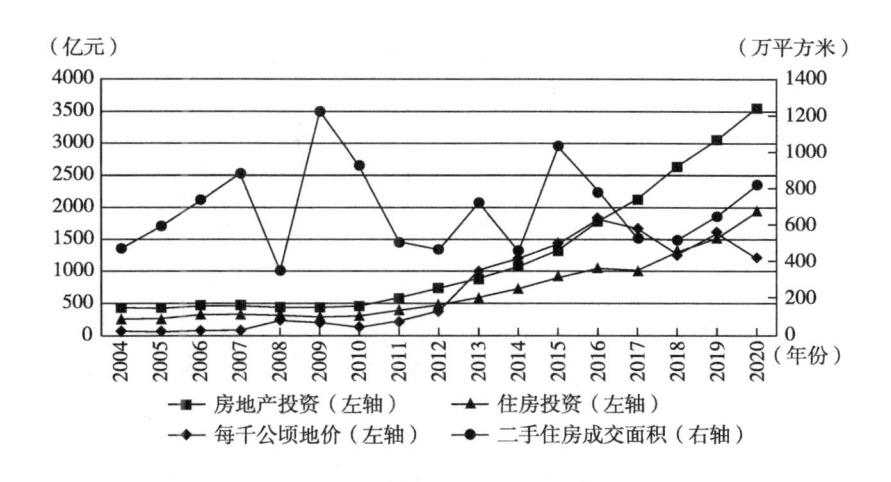

图 3-14 房地产投资与二手住房成交量的趋势情况

（八）当前住房情况：人均住房面积

城市当前的住房情况可以使用人均住房面积来反映。表面上看，人均住房面积与对住房的需求无直接的关联，但在现实中却隐含着诸多不可量化的因素，例如，结婚要购买房子或者家庭有新生儿后，需要人照顾，这时就面临改善型住房的需求。即便是不买房，租房也要面临租赁面积更大、条件更好的房子。总之，伴随经济、社会等的发展进步、家庭结构的演变，人们会对居住水平提出更高的要求。据世界各国房地产市场和住房的发展经验及国际惯例，通常认为，一个国家在人均住房面积未达到35平方米之前，该国居民将对住房的需求保持增长的态势，从而造成该国的房地产业持续繁荣、高速发展。

图3-15给出了深圳人均住房面积和二手住房成交面积的趋势图，可以看出，深圳人均住房建筑面积基本稳定在25平方米左右，但在2014年出现较大幅度下降，人均住房面积低于国际惯例的35平方米。这种情况也说明，伴随深圳经济社会的快速发展，加之大量的外来人口迁入，未来深圳居民还将对住房保持持续旺盛的需求态势，需要较多的住房来满足居民基本的住房需求和改善型住房需求。

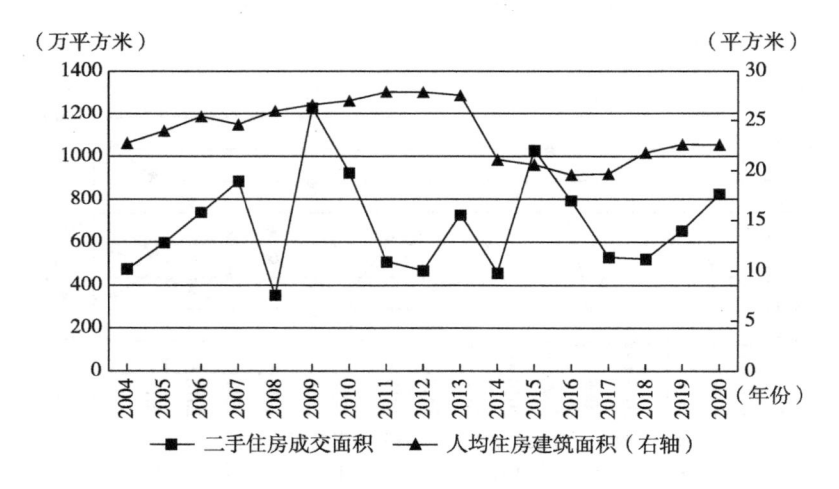

图3-15 人均住房面积与二手住房成交面积的趋势情况

（九）城市基础设施完善情况

城市基础设施的优劣是衡量一个城市发展的重要指标，对吸引外来人口就业具有重要的作用，而衡量城市基础设施建设的指标主要有轨道交通情况、三甲医院情况、道路建设情况等。分析认为，一是深圳自2005年开始有轨道交通以来，其承运能力不断增强，由最初的承运 5766 万人，到 2021 年的 218554 万人，承运人口有了大幅增加，但是研究认为，轨道交通建设更多的是扩大了城市辐射范围，让居民对住房的购买需求有了更多的选择，甚至可以购买较远的区域的新建住房，从而可能会降低对二手住房的需求，然而这一影响并不迫切，居民完全可以提前或推迟购房决策；二是深圳作为全国的经济特区、一线城市，其城市道路建设、城市公园广场建设、医院建设等相对全国其他城市来说，应该是更好的，在这种情况下，会吸引更多的人来深圳工作定居，但单一指标的影响也较低。总的来说，轨道交通、道路建设、公园等衡量城市基础设施的指标对二手住房需求的影响不明显。

通常来说，政府财政支出的多少会影响一个地方的基础设施建设，而且财政支出不仅可以用来建设基础设施，还会影响一个地方的软实力。因此，用财政支出来衡量当前城市建设的力度以及未来的建设程度。从图 3-16 中可以看出，当财政支出增长较快时，会有利于二手住房的需求量增加，分析认为这主要是因为，财政支出的快速增加，有利于增加老旧小区改造、道路建设、公园、垃圾处理等，从而增加了居民对二手住房的需求；反之，财政支出增速下降可能会造成用于环境改善的支出下降，从而降低未来人们对二手住房的需求。

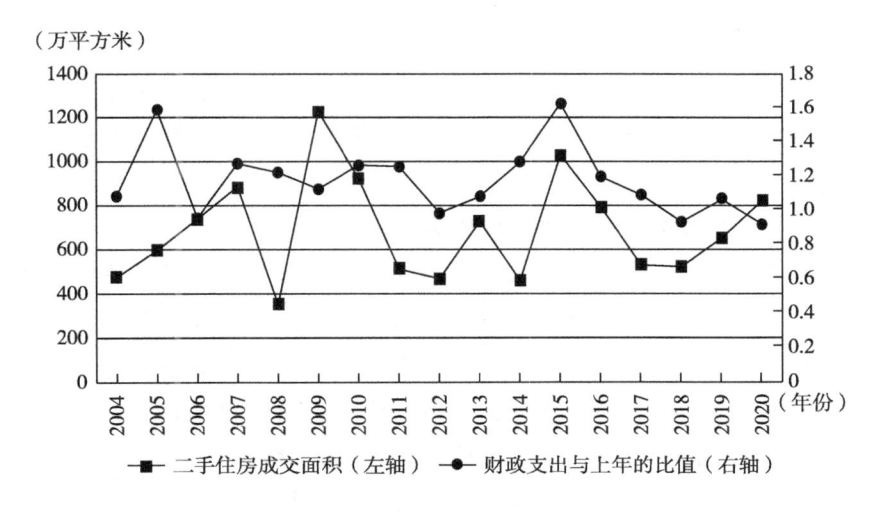

图 3-16 财政支出与二手住房成交面积的趋势情况

(十) 其他因素

总的来说，影响二手住房需求的因素除了上述九个方面，还有很多，比如二手住房本身的因素，主要包括二手住房的房龄、采光、结构和周边的交通、购物环境以及生态环境等是否方便，这些既会影响二手住房的价格，也会影响购房者需求。还有居民的消费偏好、对未来的心理预期等，主要包括在住房品质相似的情况下，偏好于购买新建住房而不是二手住房，买房还存在"买涨不买跌"的现象。二手住房还存在普遍的投资需求，比方说一些较好的学区房，除了部分需要择校上学的购房者购买，还有部分投资、投机炒作的人购买，坐等升值。此外，二手住房的需求还受政府调控政策的影响，当调控政策严厉时，会提高购房的首付款，限制二套房以上的贷款额度，甚至不准许购买第三套以上住房，从而造成了投机、投资的居民不能购房、炒房，也抑制了部分改善型的购房需求。

二手住房相对新建住房来说存在更多的信息不对称性，比方说二手住房的房主有没有抵押过、是不是一房多卖等，购房者并不清楚，进而严重影响了购房者对二手住房的需求，这也是很多人更倾向于购买新建住房的原因。二手住房的信息不对称性同时催生了住房买卖的中介服务机构，因此，中介服务机构的优劣、多少，也会在很大程度上影响二手住房的需求。

总的来说，影响二手住房需求的因素有很多，加之部分数据的欠缺，也造成了分析上的困难，下文将继续针对上述影响因素进行实证检验。

二 二手住房市场供给影响因素

通常来说，二手住房的买卖主体主要是居民，甚至是二手住房的供给者，也可能是二手住房市场上的需求者，供给和需求只要愿意即可。因此，一方面，影响二手住房需求的因素，也会或多或少影响到二手住房的供给；另一方面，二手住房供给也有自己的特点，二手住房的供给短期内弹性较大，而新建住房供给短期内无弹性，即新建住房的供给需要一定的时间建设后，才能供给。影响二手住房供给的主要因素有五个方面。

（一）住房价格及预期

首先，二手住房的持有者可以自己使用，满足自用需求，同时也可以作为保值增值的手段来满足投资、投机需求，因而出现二手住房市场上一个比较有趣的现象：买房时，买涨不买跌；卖房时，卖跌不卖涨。这就造成了在二手住房供给市场上，当价格持续上涨或预期价格未来看涨时，住房的持有者可能会倾向于继续持有，而不是卖出，这样就会降低当前住房的供给量，加剧了二手住房市场的供不应求局面；反之，当住房价格看跌时，住房的持有者更倾向于赶紧抛售，短时就会增加大量的住房供给，加剧了市场上的供大于求的局面。当然，一个成熟的二手住房市场在正常运行情况下，二手住房的供给同价格之间遵循供给定律。

其次，正常情况下，当住房价格持续上涨时，在房价本来就位居高位的情况下，会造成购房者所付房款额度的绝对增幅快速增加，进而迫使部分购房者转型二手住房市场，从而抬高二手住房的价格，吸引更多的住房持有者愿意卖出房屋。这主要是因为新建住房的供给弹性较低，从发现供不应求，到准备建设、批准预售需要一定的时间，而二手住房供应仅仅需要住房持有者的心里同意即可。同样当新建住房价格下降时，可能会让部分本来打算购买二手住房的人，转而购买新建住房，从而造成二手住房的需求减少，价格下降，进而影响到二手住房的供给。

（二）政策因素

总的来看，政府二手住房市场的调控采取的是逆周期调节，即当二手住房市场较为活跃时，政策往往会通过设计较高的房产交易税，从而降低市场上的住房供给；反之，当二手住房市场出现过冷苗头时，政府又会出台一系列的利好政策，促进二手住房的供给。近年来，国家和地方对房地产市场的调控对住房市场的影响越来越大，特别是伴随房价的不断攀涨，房地产市场的"政策市"现象越来越明显。一方面，是因为二手住房市场和一手住房市场之间存在密切联动关系，从而造成政府对一手住房的调控影响传递到二手住房市场，影响了二手住房市场的供给；另一方面，二手住房市场也是房地产市场的重要组成部分，为确保房地产市场整体平稳，也会出台一系列政策稳定二手住房市场。

（三）住房的产权类型

我国住房制度的改革是不断展开的，在不同的发展阶段，国家根据当时的经济社会以及房地产市场形势出台了不同的房地产改革措施、政策。我国房地产市场也正是在这一进程中不断发展完善，从而造成了多种产权性质的住房，包括商品住房、经济适用房、房改房、限价商品房、军改房等。因此，住房产权的不明晰造成了二手住房在上市交易时面临种种障碍，增加了二手住房市场上市交易的困难，也让二手住房市场上的部分供给者和需求者望而却步，降低了二手住房市场的活跃度。

（四）中介服务机构发展水平

二手住房供给不同于一手住房供给，一手住房由开发商供给，并直接销售给个体，有固定的销售地点；而二手住房基本是由个体供给，并销售给个体，无固定地点，较分散，增加了交易的难度。这种情况下，就迫切地需要中介服务机构把买卖双方的信息聚拢在一起并进行匹配，从而提高二手住房市场的交易效率，有利于增加二手住房的有效供给。因此，房地产中介服务机构的发展、完善，以及经纪从业人员的素质优劣，会在一定程度上影响到二手住房的供给。

（五）其他因素

影响二手住房供给的因素除上述几个方面外，还有其他因素。比如新建住房的供应量，当下新建住房的供应就是未来二手住房的潜在供给；还有二手住房持有者的因素，例如，持有者家庭结构变迁、收入增长等带来的改善型住房需求，就有可能把目前的住房在二手住房市场销售；政府城市规划、道路建设、公园建设等也会影响到二手住房的供给。

第三节　计量模型的设定、说明及描述性分析

一　计量模型构建及方法说明

从前文分析可以看出，二手住房市场的三个关键变量就是二手住房需求、价格和供给，其中二手住房供给弹性较大，短期内住房持有者随时可以根据市场形势变化来决定供给与否；二手住房价格，主要受新建住房价格、货币发行量、经济发展水平、居民收入水平等影响；二手住房需求，主要受二手住房价格、新建住房价格、货币发行量、经济发展水平、新建住房供给、收入水平等因素影响。因此，若要更好地了解二手住房市场的活跃程度，关键是要研究分析二手住房市场的交易情况，监测分析二手住房市场的内在运行规律、影响因素，进而促进二手住房市场的稳定健康发展。所以，本章结合前文的分析，最终选择二手住房的成交量作为研究的被解释变量，用其变化来度量二手住房市场的波动情况，以住房价格、可支配收入、经济发展水平、人口、贷款利率、新建住房供应量、轨道交通等主要的影响因素为解释变量。由此构建计量模型并实证分析上述影响因素对二手住房成交量的影响。具体计量模型为：

$$erq = f(xfq, xfp, erp, xfgy, rjgdp, jmck, gz, czzc, zztz, djp, jgmj, kzmj) \qquad (3-1)$$

式（3-1）中，erq 为衡量二手住房成交面积波动的因素；xfq 为衡量新建住房成交面积波动的因素；xfp 为衡量新建住房成交价格波动的因素；erp 为衡量二手住房成交价格波动的因素；$xfgy$ 为衡量新建住房供应情况变动的因素；$rjgdp$ 为衡量经济发展水平的因素；$jmck$ 为衡量居民存款和支付能力的因素；gz 为衡量居民收入水平和支付能力的因素；$czzc$ 为衡量城市基础设施建设的因素；$zztz$ 为衡量房地产开发企业住房投资变动的因素；djp 为衡量每公顷土地出让价格波动的因素；$jgmj$ 为衡量开发商积极完成项目情况的因素；$kzmj$ 为衡量新建住房空置情况的因素。

时间序列数据的回归分析，首先要进行序列的平稳性检验，以判断数据序列是否平稳，以避免分析的伪回归性。由于本章基于深圳2004—2020年的时间序列数据，因此，本章在进行实证分析前，首先对各个变量进行单位根检验，以判断数据的平稳性；若所有数据序列是平稳的，即是 I (0) 的，则可以直接构建经典的 OLS 回归模型并进行分析研究；若数据序列是不平稳的，但经过若干次差分后，比如说经过一次差分后，各数据序列变成了平稳的，且是同阶单整平稳的，则可以建立 VAR 模型，进行方差分解、脉冲相应、格兰杰因果关系检验等分析。

二 变量介绍与数据来源说明

第一，被解释变量。本书主要目的是考察研究深圳二手住房监测预警体系，本章主要考察影响二手住房市场波动的因素，以便为下文做更精准的分析。因此，被解释变量就是二手住房市场波动情况。本章使用二手住房成交面积的年度增长率来衡量二手住房市场的波动情况，用 erq 表示。数据来源于深圳历年统计年鉴、Wind 数据库。

第二，核心解释变量是我们着重关注的。考虑到数据的可得性以及影响的重要性和显著性，本章核心解释变量分两类。

一是反映二手住房成交价格波动情况，用 erp 表示。价格是影响商品成交量的重要因素，因此本章首先选取历年深圳二手住房价格数据；其次，以 2004 年为基期用 cpi 扣除通货膨胀因素影响；最后，求出二手住房价格的增长率，衡量二手住房价格的波动情况。数据来源于深圳历年房地产统计年鉴、Wind 数据库。

二是反映新建住房市场供求变动情况。由于二手住房和新建住房具有强烈的替代性，二者互为替代产品，造成了二者市场之间存在较强的联动性。因此，选择新建住房成交面积（用 xfq 表示），来衡量新建住房市场需求的变动；选择新建住房成交价格的（用 xfp 表示），来衡量新建住房价格的波动；选择新建住房批准预售面积的增长率，用 $xfgy$ 表示，来衡量新建住房市场的供给变动情况。其中，新建住房价格在计算增长率时，以 2004 年为基期用 cpi 扣除了通货膨胀因素影响。数据来源于深圳历年统计年鉴、Wind 数据库。

第三章　深圳二手住房市场现状特征及影响分析

第三，其他影响二手住房市场的因素，为控制变量。考虑到数据的可得性以及影响的重要性和显著性，本章共选择四个方面共八个变量。

一是反映房地产开发企业住房投资情况的变量。房地产开发商负责从政府拿地、建设，再销售给客户，因此开发商的行为对住房市场有着强烈的信号作用，影响较大。其一，选择深圳地价指数波动情况，用 djp 表示，来衡量开发商对未来楼市的判断和当前地价的波动，通常来看，若开发商预测未来楼市会走热，房价会上涨，就会通过大幅提高土地价格的方式来竞拍到土地；反之，开发商会倾向于不拿地，或低价、降价拿地。其计算方式以 2004 年为基期，用深圳历年地价动态监测的地价指数环比获取各年度的地价指数的增长率，以反映地价变动情况。数据来源于深圳历年房地产统计年鉴。其二，选择住宅开发投资增长率来衡量开发商的投资行为变动情况，用 $zztz$ 表示。通常情况下，如果开发商预期未来较短期内，楼市要走热，就会加大投资力度，以求尽快达到销售要求；反之，开发商建设力度就会较为平稳，甚至下行。其计算方式为首先求出年度住房开发投资占当年 GDP 的比重；其次，用国内生产总值指数计算出以 2004 年为基期的国内生产总值；再次，用住房开发投资占当年 GDP 的比重乘以实际国内生产总值，得到可比的住房开发投资数据；最后，计算出投资增长率。数据来源于深圳历年统计年鉴。其三，选择新建住房空置面积增长率来衡量新建住房市场的冷热程度，用 $kzmj$ 表示，增长率越大，说明市场越冷。其四，选择新建住房竣工面积增长率，用 $jgmj$ 表示，来衡量房地产开发企业积极投资建设、资金充裕和住房市场供应情况，增长率越大，说明房地产市场走热进入了下半场或尾声。

二是反映城市基础设施建设情况的因素，包括公园、教育、医疗、交通等改善情况。通常来说，一个城市基础设施的情况，与其财政收入，尤其是财政支出的多少有关，而向着更好、更优转变，还与其财政支出的增长情况相关，即一个城市的财政支出增长得越快，越有可能有更多的资金用于教育、公园等基础设施建设和改善，进而带动整个城市更宜居；反之，财政支出增长缓慢，则城市用于教育、公园等基础设施的资金增幅也会下降，造成城市环境改善较慢。因此，本章选择财政支出的增长率，用 czzc 表示，来衡量城市基础设施的改善情况。其计算方法为首先计算出年度财政支出占当年 GDP 的比重；其次，用国内生产总值指数计算出以 2004 年为基期的国内生产总值；再次，用财政支出占比乘以当年度的实际国内生产总值，得到可比的财政支出数据；最后，计算出财政支出的增长率。数据来源于深圳历年统计年鉴。

三是反映经济发展水平的变量，体现了经济的基本面。通常来看，衡量经济发展的重要指标有国内生产总值增长情况、人均国内生产总值增长以及收入增长等，其中人均国内生产总值能够客观反映一个城市的经济发展水平和发展程度，既体现了宏观水平，又隐含了平均情况。因此，本章选择人均国内生产总值增长率来衡量经济发展水平情况，用 rjgdp 表示。数据来源于深圳历年统计年鉴。

四是反映城市居民购买二手住房的支付能力和需求因素的变量。伴随房地产业的繁荣和房价的持续上涨，深圳一套房的总价款也越来越高，这就使家庭想购买房子直接全额付款越来越难。在这种情况下，居民购买住房一方面要有能力支付首付款，另一方面还要有能力每月支付按揭贷款的能力。因此，居民要想从住房的需要者转换成需求者，就需要拥有较高的存款和收入水平，才能实现有效需求。具体来看，其一，当居民的收入水平相对较高时，相应的生活品质、消费品质以及对美好生活的追求也会提高，这时，无房者会想着购买住房，有房者可能会想着改善住房条件而购买更好的住房，从而增加了二手住房的需求；反之，居民为了满足最需要、最迫切的消费，就会节省支出，就会降低对住房这种高支出商品的需求，甚至会抛售已购的住房。由此看出，居民收入水平的变化，会影响到居民的消费倾向，进而影响到对住房购买与否的决断。选择在岗职工平均工资来衡量居民收入水平，用 gz 表示。其二，通常来说，家庭要买房就要储备好首付（所谓"六个钱包"付首付买房），这就需要不断地积蓄存款，以备将来的购房使用，从而出现当下储蓄存款的快速上升，这就意味着目前对购房需求的减少和对未来购房需求的增加。选择居民存款增长情况来衡量购房者的未来购房潜力,用 jmck 来表示,居民存款增长率越快,则意味着当前居民不倾向于购房或支付能力不满足,会抑制二手住房的购买。其中居民存款和收入水平,均以 2004 年为基期用 cpi 扣除了通货膨胀因素影响,并基于此计算增长率。数据来源于深圳历年统计年鉴、Wind 数据库。

三 主要变量描述性分析

本章数据时间跨度是 2005—2020 年,表 3-2 给出了变量的描述性统计情况。可以看出,变量的增长率在所选择的时间跨度内差异较大,例如 erq 峰值出现在 2009 年,约为 249.5%;且恰在该年度 kzmj 下降约 47.5%,为最低谷值。此外,djp 最低值恰好出现在 2008 年,降幅约为 23.9%,这说明房地产开发企业受美国次贷危机引发的全国际金融危机影响而不看好市场,但是,在国家 4 万亿元政策刺激下,房地产开发企业对房地产市场的看法快速扭转,极度看好未来的房地产市场,从而地价不断走高,在 2009 年地价增长达到 36.7%,这一行为对楼市未来走热具有一定的警示作用。另外,各变量的增长率数据并没有呈现增长趋势,或下降趋势现象,而是在最大值与最小值之间波动。

表 3-2　　　　　　　　　主要变量的描述性统计

变量	样本值	均值	方差	最小值	最大值
erq	16	19.790	76.017	-60.329	249.523
xfq	16	6.237	42.590	-51.592	91.796
xfp	16	13.129	19.957	-11.006	56.266
erp	16	16.057	18.207	-2.407	59.580
xfgy	16	-0.425	22.283	-37.486	32.162
rjgdp	16	5.200	3.544	0.200	11.900
jmck	16	10.493	8.169	-5.035	22.149
gz	16	6.818	3.371	0.115	13.746
czzc	16	17.837	20.859	-8.222	62.578
zztz	16	14.180	12.856	-8.001	29.014
djp	16	15.124	23.276	-23.930	84.505
jgmj	16	1.734	44.909	-39.261	143.183
kzmj	16	11.292	58.566	-47.507	179.473

第四节 对二手住房市场影响因素的时间序列分析

一 各变量数据序列的平稳性检验

鉴于时间序列数据分析的特性，为避免虚假回归问题，在这里将对各变量数据序列进行平稳性检验。本章使用Stata11.0来检验数据的平稳性，并采用ADF单位根检验方法，检验结果见表3-3。

表3-3　　　　　　　　变量单位根检验结果

变量	检验类型	检验值	P值	各显著水平下的ADF临界值			检验结果
				1%	5%	10%	
erq	(C, 0, 0)	-5.459	0.0007	-3.959	-3.081	-2.681	平稳
xfq	(C, 0, 1)	-4.743	0.0027	-4.004	-3.099	-2.690	平稳
xfp	(C, 0, 3)	-3.055	0.0579	-4.122	-3.145	-2.714	平稳
erp	(C, 0, 0)	-3.107	0.0477	-3.959	-3.081	-2.681	平稳
xfgy	(C, 0, 0)	-3.564	0.0208	-3.959	-3.081	-2.681	平稳
rjgdp	(0, 0, 2)	-4.097	0.0006	-2.755	-1.971	-1.604	平稳
jmck	(C, 0, 0)	-3.629	0.0184	-3.959	-3.081	-2.681	平稳
gz	(C, 0, 0)	-3.441	0.0261	-3.959	-3.081	-2.681	平稳
czzc	(C, 0, 0)	-3.827	0.0128	-3.959	-3.081	-2.681	平稳
zztz	(C, T, 3)	-3.914	0.0567	-5.295	-4.008	-3.461	平稳
djp	(C, 0, 2)	-6.717	0.0001	-4.058	-3.120	-2.701	平稳
jgmj	(C, 0, 0)	-4.414	0.0043	-3.959	-3.081	-2.681	平稳
kzmj	(C, 0, 0)	-4.249	0.0058	-3.959	-3.081	-2.681	平稳

注：采用ADF单位根检验考察时间序列的平稳性。根据序列的趋势特征及从一般到特殊的检验方法确定各变量单位根检验形式（C, T, L），C为常数项，T为时间趋势项，L为滞后项。

通过平稳性检验可以看出，所有变量都是平稳的，且多数变量在1%水平上显著，即所选择的变量数据是I（0）的。通常来看，由于I

（0）序列是平稳的，相对来说，受其过去行为的影响有限，即发生在过去的冲击对将来的影响会逐渐减弱，因而长期来看，I（0）序列具有恢复到其期望值的趋势，而不同于I（1）序列的随机游走。

二 计量模型回归结果与分析

鉴于各变量数据序列是平稳的，且从之前的理论分析也可看出解释变量和被解释变量存在着紧密的关系。因此，本章构建经典的计量回归模型，并进行实证研究变量间的关系，具体计量模型为：

$$erq_t = \beta_0 + \beta_1 xfq_t + \beta_2 xfp_t + \beta_3 erp_t + \beta_4 xfgy_t + \beta_5 X_t + \varepsilon_t \qquad (3-2)$$

式（3-2）中，β_0为常数项，ε为扰动项，X_t为其他影响二手住房市场的因素的控制变量。各个变量的含义与式（3-1）的含义相同，在此不再说明。

本章首先基于深圳2005—2020年的数据序列，对式（3-2）进行回归估计。为增强模型估计的稳健性、可靠性，本章采用逐步回归方法进行回归，以让结果更趋理想，具体回归结果如表3-4所示。整体上来看，在模型显著性方面，各个解释变量的估计系数的显著性水平、符号和大小均未发生大的变化，而且在模型变量估计系数的整体显著水平上，F统计量检验均在1%的显著性水平下显著；模型1至模型4采用了逐步加入核心解释变量的方法，模型5直接加入了其他控制变量；从模型的拟合优度上看，也相对较好，模型对应的R^2和改善的R^2都相对较大。

表3-4　　　　　　　　全样本回归结果

变量	模型1	模型2	模型3	模型4	模型5
xfq	1.334*** (4.21)	1.467*** (5.39)	1.432*** (5.67)	1.723*** (7.81)	2.489*** (47.97)
xfp		1.505** (2.59)	1.493** (2.78)	0.864* (1.83)	0.496** (5.24)
erp			-1.031* (-1.77)	-1.119** (-2.46)	-1.884*** (-22.91)
xfgy				-1.394** (-2.95)	-2.118*** (-22.94)

续表

变量	模型 1	模型 2	模型 3	模型 4	模型 5
rjgdp					10.513*** (13.23)
jmck					-9.189*** (-21.85)
gz					-4.838*** (-10.21)
czzc					-2.247*** (-19.62)
zztz					-1.096*** (-9.47)
djp					-1.783*** (-13.99)
jgmj					0.375*** (12.14)
kzmj					-0.159** (-5.82)
常数项	11.473 (0.87)	-9.125 (-0.67)	7.797 (0.49)	15.081 (1.19)	185.555*** (20.14)
R^2	0.5582	0.7088	0.7694	0.8712	0.9994
Adj. R^2	0.5267	0.6640	0.7117	0.8244	0.9972
观测值	2005—2020 年				

注：1. 圆括号里的数据为估计系数的 t 值；2. ***、**、* 分别表示在 1%、5%、10% 的显著性水平下显著。

在这里仅以标准模型 5 的估计结果作为基准进行分析，其中核心解释变量包含四个，且直接和二手住房市场息息相关。具体来看，首先是新建住房成交面积 xfq 变动对二手住房成交量变动的影响为正，大小为 2.489，且在 1% 的显著性水平下显著，这说明当新建住房成交面积的增长率提高 1 个百分点，会带动二手住房成交量的增长率提高 2.489 个百分点，也反映了新建住房市场走热会进一步带动二手住房市场走热，两个市场之间具有较强的联动性。

其次，新建住房成交价格 xfp 变动对二手住房成交量变动的影响为正，大小为 0.496，且在 5% 的显著性水平下显著，这说明新建住房成交价格的上涨，会促进二手住房市场走热，提高二手住房的成交量，即新建住房成交价格上涨幅度提高 1 个百分点，会提高二手住房成交量增速 0.496 个百分点。这进一步证明了二手住房市场和新建住房市场之间的联动性，以及二手住房和新建住房间互为替代产品，证实了新建住房成交价格的上涨，会迫使部分购房者从新建住房市场流入二手住房市场，并增加对二手住房的有效需求。

再次，二手住房成交价格波动 erp 对二手住房成交面积变动的影响为负，大小为 -1.884，且在 1% 的显著性水平下显著，即二手住房成交价格的增长率上涨 1 个百分点，会导致二手住房成交量的增速下降 1.884 个百分点。这说明二手住房成交价格的快速上涨，会抑制二手住房成交量的增长，降低二手住房市场热度。

最后，新建住房批准预售面积 $xfgy$ 的估计系数为负，大小为 -2.118，且在 1% 的显著性水平下显著，即新建住房批准预售面积增长率每提高 1 个百分点，会造成二手住房成交面积增长率下降 2.118 个百分点，这说明新建住房市场供应的增加，会让购房者在新建住房市场有更多的可选择余地，吸引了部分二手住房购买意愿者转向新建住房市场，进而降低了对二手住房的有效需求；也进一步证实了新建住房市场和二手住房市场间的联动性，以及新建住房和二手住房的互为替代性。

其他影响二手住房市场变动的影响因素中，包含四个方面共八个变量。第一是反映经济发展水平的变量 $rjgdp$ 的估计系数为正，大小为 10.513，且在 1% 的显著性水平下显著，即体现经济发展水平的人均国内生产总值增长率每提高 1 个百分点，能够有助于二手住房成交量提高 10.153 个百分点。这说明城市人均国内生产总值增长率的提高，能够较好地反映整体经济发展的基本面，基本面的上扬，有助于房地产市场的整体活跃度和增强对二手住房的需求。这符合深圳发展现实，进一步证实前文分析的正确性。

第二是反映城市居民购买二手住房的支付能力和需求因素的变

量,具体包含两个变量。一是衡量购房者的未来购房潜力的变量 jmck 的估计系数符号为负,大小为-9.189,且在1%的显著性水平下显著,即居民储蓄存款增长率每提高1个百分点,则二手住房成交量的增长率会下降9.189个百分点。这说明居民储蓄存款增长率快速上升,会极大地抑制当前二手住房市场的活跃度。分析认为当前储蓄存款的快速增长,恰恰说明居民并没有把资金用于当下的购买住房或其他消费,而是留存下来以备他用或用于购买二手住房。二是衡量居民收入水平的变量 gz 的估计系数符号同样为负,大小为-4.838,且在1%的显著性水平下显著,即居民收入水平增长率每提高1个百分点,二手住房成交量增长率会下降4.838个百分点。这说明居民收入水平增长率的提高,并没有带来二手住房市场的活跃度和成交量的上升。分析认为,一方面,可能是由于居民收入水平的上升,增强了其对新建住房的有效需求,进而降低了对二手住房的有效需求;另一方面,可能是由于收入水平的增长远跟不上住房价格的上涨,即便居民收入快速上涨也不得不用于储蓄,以备将来购房使用,即收入水平的提高会在将来带动房地产市场的上扬。

第三是反映城市基础设施建设情况的变量 czzc 的估计系数为负,大小为-2.247,且在1%的显著性水平下显著,即财政支出增长率每提高1个百分点,会造成二手住房成交量增速下降2.247个百分点,这说明财政支出增长率的提高,并没有提高二手住房的成交量,反倒抑制了二手住房市场热度,这同前文的理论分析相左。分析认为其主要原因是:一方面,由于深圳房地产市场还不够成熟,每年仍然有大量的新建住房入市,且入市的新建住房距离城市核心区较远,而二手住房更多集中在开发较成熟的核心城区;另一方面,财政支出的增加更多地用在了核心城区的环境改善上,以及从核心城区到郊区的道路建设上,包括公路、轨道交通等,大大缩短了从远郊区买房居住到核心城区工作单位的通勤时间,在高房价的压力下,也让这部分人愿意在核心城区买房到愿意在非核心城区买房成为可能。正是这两方面的原因,造成了财政支出增长率的提高,反倒抑制了二手住房成交量的增长。

第三章　深圳二手住房市场现状特征及影响分析　85

第四是反映房地产开发企业住房投资情况的因素，具体包括四个变量。

一是 *zztz* 的估计系数为负，大小为 -1.096，且在 1% 的显著性水平下显著，即住房开发投资增长率每提高 1 个百分点，会造成二手住房成交量下降 1.096 个百分点，这说明住宅开发投资的增加，会降低二手住房市场的热度，抑制二手住房成交量的增幅上扬。分析认为住房开发投资的增加，意味着未来新建住房市场的供应速度和供应量会增加，而消费者对新建住房的偏好，可能会让部分对购房需求不迫切的购房者，选择放弃当前进入二手住房市场和购买二手住房的行为，以待将来购买新建住房，从而造成二手住房成交的下降。

二是 *djp* 的估计系数为负，大小为 -1.783，且在 1% 的显著性水平下显著，即每公顷土地出让价格的涨幅每提高 1 个百分点，会造成二手住房成交量下降 1.783 个百分点，这说明土地出让价格的上涨，会抑制二手住房市场的热度，进而不利于二手住房成交量的增长。分析认为，一方面，由于土地出让价格的提高往往是房地产市场整体过热的一个外在表现，即开发企业只有看涨房地产市场时，才会愿意以较高的价格购买土地，增强未来的供应能力，这一行为相对住房价格上涨又具有一定的滞后性，从而造成购房者会放弃当前购房而留待将来时机进入市场；另一方面，土地价格的上涨意味着未来新建住房价格的上涨，也意味着对新建住房购房者的挤出和二手住房市场的走热，而现实当中由于媒体对土地出让的报道具有强烈的选择性，除出现"地王"现象时，媒体会大幅报道、炒作、引发社会舆论，而多数土地出让情况，媒体并没有报道，从而造成不同的土地出让，出现不同的社会反映，而且购房者可能更多的是关注到土地供应的增加和未来新建住房供应的增加，从而会降低当前对二手住房的购买，留待将来购买新建住房。

三是 *jgmj* 的估计系数为正，大小为 0.375，且在 1% 的显著性水平下显著，即新建住房竣工面积增长率每提高 1 个百分点，二手住房成交量增幅会增长 0.375 个百分点，说明新建住房竣工面积的增长，会促进二手住房成交量的增加。分析认为，可能是由于我国房地产市场销售采取的预售制，新建住房在未竣工时就已经开始销售，当新建住房销售较好的时候，房地产开发企业回笼资金就快，资金就会充裕，意味着有更多的资金使新建住房尽快完工，增加竣工面积用于交付购房者，而由于房地产开发和房地产市场的周期性，此时新建住房竣工面积的增加也意味着当前用于销售的新建住房供应下降，从而使购房者进入二手住房市场和购买二手住房，但是这一影响相对较小。

四是 *kzmj* 的估计系数为负，大小为 −0.159，且在5%的显著性水平下显著，即新建住房空置面积增长率每提高1个百分点，二手住房成交量的增长率会下降 0.159 个百分点，说明新建住房空置面积的增长，会降低二手住房市场热度和抑制二手住房成交量的增加。分析认为，新建住房控制面积的增加，意味着房地产开发企业有更多的新建住房在预售期没有销售出去，甚至等到竣工后成了空置房还没有销售出去，说明当前社会对房地产市场预期走低，房地产市场处于下行期，同时也意味着当前新建住房供应是充足的，进而在这两个方面因素的影响下造成部分购房者要么退出当前的房地产市场，以待将来入市，要么选择购买新建住房，从而造成了当前二手住房市场热度和成交量的双下降。

第五节　本章小结

目前，深圳房地产市场已进入以二手住房为主的新时代，且二线发达城市等的核心城区已在逐步迈入以二手住房为主的房地产市场新时代，然而，关于二手住房相关方面的研究较少，而系统的研究几乎没有。我们知道，二手住房市场的影响因素是多方面的，且不同的影响因素作用的大小、机理也不尽相同。因此，本章首先以深圳全市数据为例就二手住房市场的影响因素进行了较翔实的理论分析；其次，在此基础上，结合变量数据的可选择性；最后，选择用二手住房的成交量变动来反映二手住房市场的整体变动情况，并从二手住房价格波动情况、新建住房市场供求变动情况、房地产开发企业行为情况、居民购买二手住房的支付能力和需求因素情况、城市基础设施与环境改善情况、经济发展情况等方面选择了 12 个变量进行了实证分析，时间跨度为 2005—2020 年。研究结论主要体现在以下几个方面。

第一，深圳自 2006 年逐步进入了以二手住房为主的房地产市场新时代，但市内各区之间存在较大的差异，一是关内区域相对于关外的区域更早地进入了二手住房为主的房地产新时代，且到 2015 年关外的宝安、龙岗仍然是以新建住房为主，此后才逐步以二手住房为主；二是关内各区也存在差异，罗湖、福田二手住房成交占比始终高于南山。总的来说，较早开发的老城区、核心城区更早进入以二手住房为主的房地产市场新时代，而新区或开发较晚的区域仍以新建住房为主，即二手住房是伴随城市的开发进程和成熟度而发展起来的，城市开发越早，发展越成熟，二手住房市场规模也越大、越成熟。因此，本章认为目前全国省会和沿海较发达地级市的核心城区已进入以二手住房为主体的房地产市场新时代，未来会加速推进。

第二，二手住房市场也遵循价格规律，即二手住房价格上涨，会造成成交量的下降，实证结果表明二手住房价格每上涨 1 个百分点，会造成成交量下降 1.884 个百分点。这说明二手住房价格的快速上涨，会抑制二手住房成交量的增长，降低二手住房市场热度。

第三，二手住房市场与新建住房市场之间存在强烈的联动关系。一是从二者市场成交量来看，其联动性较强，即当新建住房成交量的增长率每提高 1 个百分点，会带动二手住房成交量的增长率提高 2.489 个百分点，说明新建住房市场走热会进一步带动二手住房市场走热，两个市场之间具有较强的联动性。二是二手住房和新建住房互为替代产品，且替代性较强，即新建住房价格上涨幅度每提高 1 个百分点，会提高二手住房成交量增速 0.496 个百分点，证实了新建住房价格的上涨会迫使部分购房者从新建住房市场流入二手住房市场，并增加对二手住房的有效需求。三是新建住房供应增加会降低对二手住房市场的需求，实证结果表明，新建住房供应增长率每提高 1 个百分点，会造成二手住房成交面积增长率下降 2.118 个百分点。分析认为，一方面，由于新建住房市场供应的增加，增强了购房者的可选择余地；另一方面，由于供应增加也会让购房者议价占优，甚至推动房价下降，在两个方面因素影响下，部分二手住房购买意愿者转向新建住房市场，进而降低了对二手住房的有效需求。

第四，经济发展水平的提高会增加对二手住房市场的需求，实证结果表明，体现经济发展水平的人均国内生产总值增长率每提高1个百分点，能够有助于二手住房成交量提高10.153个百分点。

第五，城市基础设施的改善也会降低对二手住房市场的需求，实证结果表明，财政支出增长率每提高1个百分点，会造成二手住房成交量增速下降2.247个百分点。分析认为，可能由于财政支出的增加，加大了道路建设力度，缩短了核心城区到非核心城区的通勤时间，进而让部分原本打算在核心城区购买二手住房的购房者，转向了非核心城区购买新建住房。

第六，居民购买住房的支付能力的提升会降低对二手住房的需求，实证结果表明，一是衡量购房者的未来购房潜力的居民储蓄存款增长率每提高1个百分点，则二手住房成交量的增长率会下降9.189个百分点；二是居民收入水平增长率每提高1个百分点，二手住房成交量增长率会下降4.838个百分点。分析认为，可能由于购房者支付能力的提升，会让购房者选择新建住房，进而降低了对二手住房市场的热度和成交量。

第七，在反映房地产开发企业行为情况的因素中，反映新建住房空置变动情况、住房开发投资变动情况、土地出让价格波动情况三个变量对二手住房成交量均具有负向影响，而新建住房竣工和交付情况的变量对二手住房成交量具有促进效应，但整体影响效应较小。

总的来说，对深圳二手住房影响因素进行深入的剖析以及实证研究，为下文构建二手住房市场监测预警指标体系提供了良好的理论基础和实践参考。

第四章 深圳二手住房市场空间特征及影响分析

通常来说，一个城市的发展也遵循"中心—外围"理论，即中心城区先发展，发展成熟后逐步向外围发展，并逐渐形成老城区和新城区。深圳发展亦是如此，原"关内"从罗湖到福田，再到南山逐步发展成熟；关内各区发展过程中也逐步向关外城区溢出。房地产市场可以说较完美地体现了这一由中心向外围发展的过程，老城区房地产市场率先成熟，并逐步过渡到以二手住房为主；新城区房地产市场在老城区的影响下也逐步快速发展，但是，进入二手住房市场为主相对较晚。因此，为更好地分析深圳二手住房市场特征及影响因素，也为后续更好地构建监测预警指标的体系，在此基于深圳各城区数据进行理论和实证分析。

第一节 深圳二手住房市场的空间特征

一 二手住房市场演化趋势特征

在第三章已就各区的二手住房成交规模进行了简要的对比分析，发现各区之间差异较大，本章就二手住房市场空间特征演化趋势进行分析。由表4-1可以看出，第一，新建住房成交面积差异较大。一是总体上新建住房成交面积呈现下降趋势。单独看每一年的成交情况波动较大，因此本章划分时间段，给出每个时间段的年度均值进行分析。新建住房成交面积年度均值由2004—2010年的643.03万平方米快速下降至2011—2015年的505.4万平方米，随后逐步下降至

2016—2020年的465.25万平方米。二是从各区情况来看，关内罗湖、福田两区2010年前后下降尤为明显，随后开始逐步趋于平稳；南山、盐田两区下降也较大，但降幅低于罗湖和福田两区，且在2016年后成交面积又有所增长；关外的宝安、龙岗两区总体上成交较为平稳，但是也出现下降的势头。

第二，二手住房成交面积呈现先下降后上升特点，各区差异明显。具体来看，一是总体上看深圳二手住房成交面积2011年前后出现了较大幅度的下降，由2004—2010年均值741.91万平方米快速下降至2011—2015年均值639.22万平方米，随后又出现了一定幅度的上升，分析认为这主要是由各区之间的差异造成的。二是从各区二手住房成交情况来看，罗湖、福田两区2011年后出现较大幅度下降，随后总体上趋稳，但是仍然呈现下降趋势，分析认为罗湖、福田两区是深圳城市建设和开发都较成熟的区域，从而出现了住房成交面积下降的情况；南山二手住房成交面积在2010年前后出现了较大幅度下降，随后虽然总体上趋于稳定，但是稍有上升趋势；盐田二手住房成交面积总体上呈现下降趋势，但是降幅较慢；关外的宝安、龙岗两区二手住房成交面积与关内各区有着明显的差异，两区成交面积体量大，且两区成交面积均呈现上升的趋势。

表4-1　　深圳各区二手住房与新建住房成交面积情况　　单位：万平方米

	新建住房销售面积			二手住房成交面积			二手住房成交面积/新建住房成交面积			
	2004—2010年均值	2011—2015年均值	2016—2020年均值	2004—2010年均值	2011—2015年均值	2016—2020年均值	2004—2010年均值	2011—2015年均值	2016—2020年均值	2004—2020年均值
罗湖	49.12	14.09	11.19	138.51	95.80	90.02	5.21	7.86	8.99	7.10
福田	73.18	20.20	20.02	180.79	125.86	118.03	4.13	6.44	6.84	5.60
南山	132.84	63.43	65.95	145.72	109.98	116.79	1.40	1.74	1.94	1.66
盐田	17.73	9.40	12.61	16.19	16.09	14.16	0.93	1.77	4.75	2.30
宝安	194.25	186.42	184.90	124.64	134.77	152.91	0.71	0.75	0.86	0.77
龙岗	175.91	211.86	170.58	136.06	156.72	171.59	0.76	0.73	1.03	0.83
全市	643.03	505.4	465.25	741.91	639.22	663.5	1.27	1.26	1.46	1.32

第三，二手住房成交面积占比总体上呈现上升的趋势，各区间差异显著。具体来看，一是总体上样本期内二手住房成交面积与新建住房成交面积的比值的均值为 1.32，远大于 1.00，说明已进入以二手住房为主的房地产新时期；从趋势上看，二手住房成交面积与新建住房成交面积的比值在 2010 年前后变化不大，甚至有稍微下降趋势，但是在 2016 年后二者之间的比值出现了较大幅度上涨，分析认为，这主要是由于城市发展日趋成熟，城市建设日趋稳定，加之深圳市域面积相对较小，可供开发的面积少，从而出现二手住房成交面积占比快速上升。二是从各区之间的情况来看，关内的罗湖、福田、南山、盐田四个区二手住房成交面积与新建住房成交面积的比值呈现上升趋势，且上升的幅度较大，但是罗湖、福田两区的比值高于其他区；关外的两区二手住房成交面积与新建住房成交面积的比值也存在较大差异，宝安比值总体上呈现上升趋势，但是增长较小，龙岗比值在 2011 年后有所下降，但是在 2016 年后出现较大幅度上升，且已大于 1.00，有进入以二手住房为主的趋势。三是各区对比来看，各区二手住房成交面积与新建住房成交面积的比值大小依次为罗湖、福田、盐田、南山、龙岗、宝安，呈递减态势，其中罗湖、福田两区比值较大，高于其他各区；宝安、龙岗两区比值仍然小于 1.00，低于其他各区。

总的来说，深圳整体上已进入以二手住房为主的房地产新时期，但是各区之间差异明显，关内各区普遍以二手住房为主，而关外的宝安、龙岗等区仍以新建住房为主。

二 二手住房市场价格变动情况

第一，从长期来看，各区二手住房价格总体上呈现上涨趋势。图 4-1 给出了深圳各区二手住房成交价格趋势。一是从演化趋势上看，可以划分为三个阶段。第一个阶段为 2005—2011 年，在该时间区间内，各区以及全市二手住房成交价格虽然涨幅较大，但是二手住房成交均价低于 10000 元/平方米；第二个阶段为 2012—2015 年，该时间段内二手住房成交价格出现了跃升，各区和全市二手住房成交价格超过了 10000 元/平方米，但是总体上仍然低于 20000 元/平方米；第三个阶段为 2016—2020 年，该时间段内二手住房成交价格出现了大幅度上涨，多数区域价格翻了一番还要多，其中南山涨幅最大。

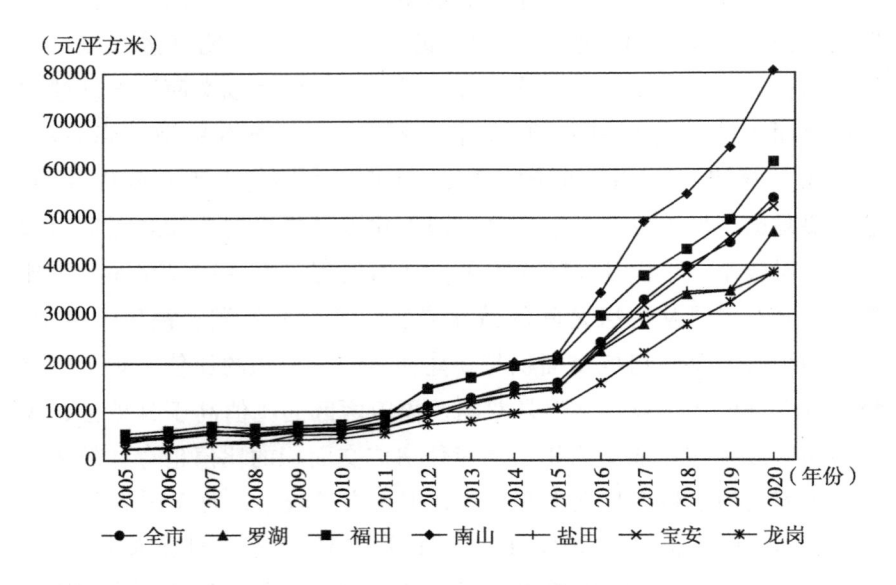

图 4-1　深圳各区二手住房成交价格趋势

二是从各区之间对比来看，罗湖二手住房成交价格在 2012 年之前高于全市成交均价，随后相对价格继续走低，逐步稳定在约为全市二手住房成交价格的 0.9 倍；福田、南山两区的二手住房成交价格样本期内一直高于全市均价，但是长期来看，福田二手住房成交价格相对全市均价在逐步回落，由 2006 年最高时是全市均价的 1.36 倍，降低至 2020 年的 1.14 倍；南山二手住房成交价格总体呈现上涨趋势，而且相对全市成交均价在持续上升，由 2006 年是全市均价的 1.07 倍逐步涨至 1.49 倍；盐田二手住房成交价格除个别年份外，多数年份低于全市成交均价，而且相对全市均价在下降，但降幅不大；宝安、龙岗两区二手住房成交价格总体上低于全市成交均价，但是两区相对全市成交均价是呈现上升趋势的，其中宝安相对全市成交均价由 2005 年最低时的 0.58 倍逐步上升到 0.97 倍，涨幅高于龙岗。

三是从二手住房成交价格绝对量来看，在 2011 年及之前，二手住房成交均价最高一直是福田；南山二手住房成交均价在 2012 年超过福田成交均价后，长期为各区均价的最高值；从最低值看，龙岗二手住房成交均价为六区最低值。

第二，长期以来，二手住房成交价格相对于新建住房成交价格具有价格优势，但是近年来价格优势在下降，从图4-2可以看出。一是二手住房成交价格相对最优的时期是2010年，此时全市二手住房成交价格仅相当于新建住房价格的29.8%，其中二手住房成交价格相对最高的为龙岗，比值为31.6%，相对价格最低的为盐田，仅为新建住房成交价格的15.6%。

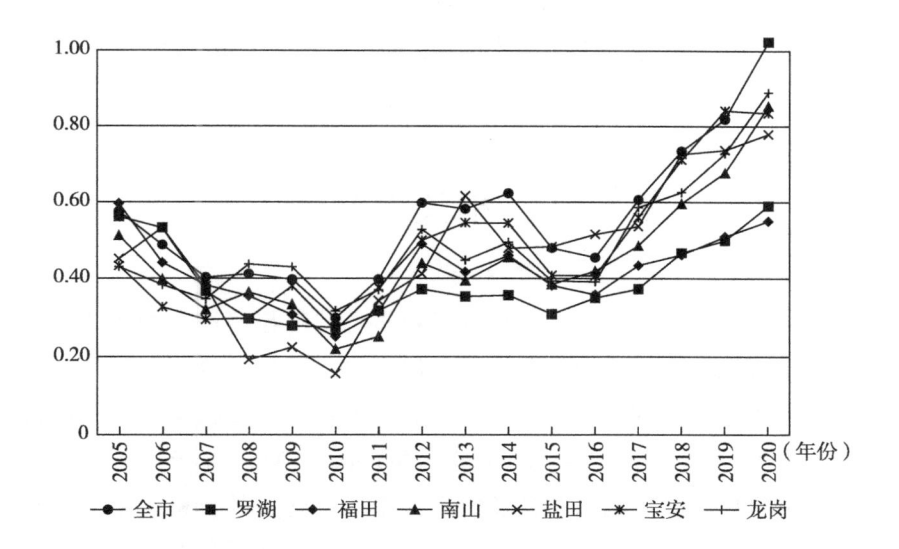

图4-2 深圳各区二手住房价格与新建住房价格比值情况

二是各区二手住房成交价格相对新建住房成交价格演变趋势总体上经历了三个阶段。第一个阶段是2010年之前，在该时间段内二手住房成交价格相对新建住房成交价格在逐步下降，说明该时期二手住房价格优势明显，购房者在心理上不愿意付较高的相对价格购买二手住房；第二个阶段为2011—2015年，这一时期二手住房成交价格相对新建住房成交价格有较大幅度上升，但是呈现先上升后下降的趋势；第三个阶段为2016—2020年，这一时期二手住房成交价格相对新建住房成交价格快速上升，此时二手住房成交价格与新建住房成交价格越来越接近，从全市角度来看，二手住房成交价格已经高出新建住房成交价格，另外多个区的二手住房成交相对价格也超过了 0.80，二手住房价格优势不在，二手住房市场无法发挥住房需求的"过滤效应"。分析认为二手住房成交价格的快速上涨，以及相对新建住房价格优势的不在，是极不正常的，未来极有可能会出现两种情形翻转，一是新建住房价格稳定，二手住房价格出现下跌；二是新建住房和二手住房成交价格均出现下降，但是二手住房成交价格降幅大于新建住房，重新让二手住房逐步恢复正常，具有一定的价格优势，能够较好地发挥二手住房市场的"过滤效应"。

第二节　相关文献综述

区位和房价之间的关系是建筑规划学、城市与房地产经济学、区域经济学都比较感兴趣的重要话题，但有关二手住房价格和区位关系的讨论并不多见。现有文献大致可分为两类：一类文献主要是利用价格特征模型（Hedonic Price Mothed，Hedonic 模型）进行分析，这一类文献将区位和住房的内在特征资本化于二手住房的价格之中。邹高禄等（2005）采用成都主城区二手住房价格的抽样数据，运用 Hedonic 模型，对成都的二手住房价格、不同住房特征和区位变化的敏感性以及二手住房价格的边际效用递减规律进行了分析，结果发现二手住房价格对区位变化并不敏感，但对住房使用面积却比较敏感。苏海龙和徐芳（2010）通过研究上海地铁 8 号线周边的二手住房价格数据发现，距离地铁站点越近，房屋价格越高，这说明区位对二手住房价格存在影响。夏秋月等（2020）通过多元线性回归对新建住房和二手住房进行了对比研究，结果表明建筑面积、房龄等因素对二手住房价格影响较显著。

另一类文献从城市内部空间视角出发，研究空间演变下的区位对二手住房价格的影响。吴文佳等（2014）以主流房地产交易网站二手商品房报价资料为基础数据，从住房属性、交通因素、区位特征等方面选择解释变量，构建了地理加权回归模型，研究表明，次中心与住房价格关联最为显著，而绿地、水景、山景与住房价格的关联相对较差。章霞等（2013）利用成都的数据研究发现，中心区域的二手住房价格较高，而郊区的二手住房价格相对较低。石忆邵和李木秀（2006）采集了上海市中心到外环的二手住房数据，结果发现从上海市中心区向外（南北方向），住房价格梯度明显。时文静（2017）利用随机森林对房价进行预测时，得到变量重要性排序图，发现房屋所在区域和物业费影响着北京二手住房房价。李璐琼（2018）发现所在区域的犯罪率也影响房价。户彦超（2019）研究发现房屋的周边设施情况（到医院的距离、到车站的距离等因素）对房价有很大影响。徐丹萌等（2021）利用地理加权回归模型对沈阳市房价进行研究，发现到地铁站的距离对房价有很大的影响。

总的来说，既有的文献基于不同城市数据，就二手住房情况进行了相关研究，但是关于深圳的相关研究较少，特别是市政方面的研究。因此，本章基于深圳各区域的数据，研究分析深圳二手住房的空间特征及其影响因素，一方面有助于增强该领域的相关研究文献，另一方面也有助于本章后续梳理和构建深圳二手住房监测预警指标体系。

第三节　计量模型的设定、说明及描述性分析

一　计量模型构建及估计方法说明

决定二手住房市场波动与否与三个变量密切相关，即二手住房的市场需求、成交价格和市场供给，其中二手住房供给弹性较大，短期内住房持有者随时可以根据市场形势变化决定供给与否；二手住房价格，主要受新建住房价格、货币发行量、经济发展水平、居民收入水

平等影响；二手住房市场需求，主要受二手住房价格、新建住房价格、货币发行量、经济发展水平、新建住房供给、收入水平等因素影响。本书前述章节已基于一线城市、深圳全市等视角进行了理论和实证分析，为更好地研究分析深圳二手住房市场情况，本章采用深圳六区数据进行实证研究。构建计量模型为：

$$\ln erq_{it} = \beta_0 + \beta_1 \ln xfq_{it} + \beta_2 \ln xfp_{it} + \beta_3 \ln erp_{it} + \beta_4 X_{it} + \varepsilon_{it} \quad (4-1)$$

式（4-1）中，β_0 为常数项，ε 为扰动项，i 和 t 分别表示各市区和时间；$\ln erq$ 为衡量二手住房成交面积波动的因素；$\ln xfq$ 为衡量新建住房成交面积波动的因素；$\ln xfp$ 为衡量新建住房价格波动的因素；$\ln erp$ 为衡量二手住房价格波动的因素。X_t 为其他影响二手住房市场的因素的控制变量，包括 $\ln jgmj$ 为衡量开发商积极完成项目情况的因素，$\ln kzmj$ 为衡量新建住房空置情况的因素，$\ln renkou$ 为衡量城市人口变动的变量，$\ln rjgdp$ 为衡量经济发展水平情况的变量；$\ln czsr$ 为衡量城市建设和财政收入变动的因素。

经典的面板数据模型通常分为三种：一是混合模型，简称 pool 模型；二是固定效应模型，简称 FE 模型；三是随机效应模型，简称 RE 模型。具体采用哪种面板模型需要进行相关检验才能决定。一般通过 F 检验方法来决定是使用混合模型还是固定效应模型；通过 Hausman 检验来确定是采用固定效应模型还是随机效应模型，两者之间的差异在于不可观测的个体效应 ε 与解释变量是否相关。另外在基准面板回归分析的基础上，为增强研究结果的稳健性和克服内生性等问题，还将对数据滞后一期进行回归，以增强结果的稳健性，同时采用系统广义矩估计等方法以克服回归结果的内生性，并与基准回归进行比较分析。

二 变量介绍与数据来源说明

第一，被解释变量。本章主要考察影响深圳各区二手住房市场波动的因素，以便于后续章节构建深圳二手住房监测预警体系和做更精准的分析。因此，被解释变量就是二手住房市场波动情况，本章选择二手住房成交面积并取对数来衡量二手住房市场的波动情况，用 $\ln erq$ 表示。数据来源于深圳历年房地产统计年鉴。

第二，核心解释变量的估计结果。考虑到数据的可得性以及影响的重要性和显著性，本章核心解释变量分为两类。

一是反映各区二手住房市场价格波动情况，用 lnerp 表示。商品价格是影响商品成交与否的重要因素，因此，本章首先选取历年深圳二手住房价格数据；其次，以 2008 年为基期用 cpi 扣除通货膨胀因素影响；最后，求出二手住房成交价格并取对数来衡量二手住房价格的波动情况。数据来源于深圳历年房地产统计年鉴、Wind 数据库。

二是反映各区新建住房市场供求变动情况。由于二手住房和新建住房具有强烈的替代性，二者互为替代产品，从而也造成了二者市场之间存在较强的联动性。因此，选择新建住房成交面积并取对数（用 lnxfq 表示）来衡量新建住房市场需求的变动；选择新建住房销售价格，并以 2008 年为基期用 cpi 扣除通货膨胀因素影响，再对求出新建住房成交价格取对数，用 lnxfp 表示，来衡量新建住房成交价格的波动。数据来源于深圳历年房地产统计年鉴、Wind 数据库。

第三，控制变量，主要指其他影响二手住房市场的因素。考虑到数据的可得性以及影响的重要性和显著性，本章选择以下四个方面共五个变量。

一是反映房地产开发企业行为情况的变量。房地产开发企业负责从政府拿地、建设再销售给客户，因此开发企业的行为对房地产市场有着强烈的信号作用，影响较大。本章首先选择各区新建住房空置面积并取对数，用 lnkzmj 表示，来衡量新建住房市场冷热程度。通常来说，房地产市场形势越好，新建住房越容易销售出去，也就意味着空置面积越低；反之，市场形势趋弱，新建住房难以销售出去，空置面积就会走高。其次，选择新建住房竣工面积并取对数，用 lnjgmj 表示，来衡量房地产开发企业积极投资建设、资金充裕和住房市场供应情况。通常来说，新建住房竣工面积越高，说明房地产开发企业资金越充裕，有资金投资建设，意味着市场供应越充足；反之，说明市场缺乏资金，无法正常完成住房建设。数据来源于深圳历年统计年鉴。

二是反映各区基础设施建设情况的因素，包括公园、教育、医疗、交通等整体城市环境改善情况。通常来说，一个城市基础设施的建设情况与其财政收入有关。只有当一个城市拥有更多的财政收入时，才有可能向着更好、更优转变，即一个城市的财政收入增长得越快，越可能有更多的资金用于教育、公园等基础设施建设和改善，进而带动整个城市更宜居；反之，财政收入增长缓慢，则城市用于教育、公园等基础设施的资金增幅也会下降，造成城市环境改善较慢。因此，本章选择各区财政收入数据，并以2008年为基期用cpi扣除通货膨胀因素影响，再对计算得到的财政收入取对数，用ln$czsr$表示，来衡量城市基础设施的改善能力。数据来源于深圳历年统计年鉴。

三是反映经济发展水平的变量，体现了经济的基本面。通常来看，衡量经济发展的重要的指标，常用的有国内生产总值规模、人均国内生产总值水平以及收入水平等，其中人均国内生产总值能够客观反映一个城市的经济发展水平和发展程度，既体现了宏观水平，又隐含了平均情况，在其他数据不可得的情况下是能够客观反映经济发展水平的较优变量。因此，本章选择人均国内生产总值数据，并以2008年为基期用cpi扣除通货膨胀因素影响，再对计算得到人均国内生产总值取对数，用ln$rjgdp$表示。数据来源于深圳历年统计年鉴。

四是需求情况。城市人口数量是决定住房需求的至关重要的因素，素有房地产市场需求和决定因素"长期看人口"的说法。通常来说，一个城市人口数量增长越快，人口越多，说明对外吸引力越大，经济发展水平越高，人们对住房产生的需要也就越多，进而增加对住房的购买需求；反之，城市人口数量越少，增长越慢，说明城市对外人口吸引力越弱、经济发展趋稳，对住房需要就少，进而造成购买需求也就越少。因此，选择城市常住人口数量并取对数，来衡量一个城市人口的变动和对住房的需求，用ln$renkou$表示。数据来源于深圳历年统计年鉴。

三　数据说明和描述性统计分析

本章基于数据的可得性与一致性，在时间序列选择方面，本章以2008—2020年为样本区间；在截面数据选择上，由于近年来深圳不断划分新区，而相应的统计数据又不统一或者缺失，因此按照此类情形的惯例做法，对相应数据进行了合并，罗湖、福田、南山、盐田是统计直接给出的数据，宝安相应的数据包含新宝安、龙华、光明，龙岗相应的数据包含新龙岗、坪山、大鹏；数据主要来源于历年《深圳市房地产统计年鉴》《深圳市统计年鉴》。另外，相应的数据均以2008年为基期，进行调整扣除通货膨胀因素影响；对原数据取对数，一方面是为了克服原变量数据波动较大导致的估计结果的不稳健，另一方面也可以分析变量间的弹性，更有利于解释和分析二手住房市场。本章使用Stata11.0软件分析，其结果如表4-2所示。

表4-2 主要变量的描述性统计

变量	观测值	平均值	标准差	最小值	最大值
lnerq	78	4.475939	0.889626	2.116256	5.635004
lnerp	78	9.49859	0.7252635	8.15191	11.0046
lnxfq	78	3.737068	1.3084	-0.597837	5.694002
lnxfp	78	10.34633	0.5387787	9.117395	11.335
lnjgmj	78	3.012648	1.592516	-2.813411	5.407261
lnkzmj	78	2.799199	1.001981	-0.5447271	4.591882
lnrenkou	78	4.922643	1.03736	3.040227	6.70169
lnrjgdp	78	11.79562	0.4618657	10.86005	12.52959
lnczsr	78	4.446521	0.882	2.485057	5.8916

第四节 对二手住房市场影响因素的面板数据分析

一 基准回归与分析

本章首先基于深圳六个辖区2008—2020年的数据序列，对式（4-1）进行回归估计，其结果如表4-3所示。其中模型1、模型2、模型3分别使用了基本面板估计方法，即混合效应（pooled model）

估计、固定效应（fixed effects model）估计和随机效应（random effect model）估计，以便于更好地比较。面板设定的 F 检验结果表明固定效应模型比混合模型更合适；利用 Hausman 检验，发现在 1% 的水平上拒绝原假设，因此在固定效应模型和随机效应模型中，本章选择固定效应模型。综合 F 检验和 Hausman 检验结果，本章选择固定效应模型为基准模型，即模型 2。为进一步增强模型估计的稳健性、可靠性，本章选择确定的固定效应回归方法，采用逐步回归方法进行回归，模型 1 至模型 8 采用了逐步加入核心解释变量的方法，以让结果更趋理想，具体回归结果如表 4-4 所示。整体上来看，在模型显著性方面，模型 1 至模型 8 中核心解释变量的估计系数的显著性水平、符号和大小基本上未发生大的变化，而且在模型变量估计系数的整体显著水平上，F 统计量检验均在 1% 的显著性水平下显著；由于各区数据的可得性不强，可供选择的变量不多，因此在加入了控制量后有些变量不显著，但是不影响本章分析。综上，本章以表 4-4 中的模型 8 作为基准模型，并结合其他模型进行解释，具体如下。

表 4-3　　　　　　　主要变量的基准回归结果

变量	模型 1 pool	模型 2 fe	模型 3 re
lnxfq	0.208** (2.24)	0.384** (3.33)	0.208** (2.24)
lnxfp	0.363 (1.35)	0.099 (0.72)	0.363 (1.35)
lnerp	-0.593*** (-3.52)	-0.542*** (-5.01)	-0.593*** (-3.52)
ln$jgmj$	-0.143*** (-6.77)	-0.081*** (-9.68)	-0.143*** (-6.77)
ln$renkou$	1.178*** (7.62)	1.549*** (5.26)	1.178*** (7.62)
ln$kzmj$	-0.146** (-1.93)	0.990** (2.83)	1.041*** (3.98)

续表

变量	模型 1 pool	模型 2 fe	模型 3 re
ln$rjgdp$	1.041*** (3.98)	-0.103 (-1.74)	-0.146** (-1.93)
ln$czsr$	-0.193 (-0.93)	-0.059 (-0.32)	-0.193 (-0.93)
_$cons$	-10.808*** (-4.14)	-11.344** (-2.88)	-10.808*** (-4.14)
Wald 值			338.45 [0.0000]
Hausman 值			27.31 [0.0000]
观测值	72	72	72

注：1. pool 代表面板普通最小二乘估计，RE 代表随机效应模型，FE 代表固定效应模型；2. 圆括号里的数据为估计系数的 t 值，方括号里数据为统计量的 p 值；3. ***、** 分别表示在 1%、5% 的显著性水平下显著；L1. 代表对应变量的滞后一期。

第一，lnxfq 对二手住房成交量的影响为正，大小为 0.384，且在 5% 的显著性水平下显著，这说明当新建住房成交量当期提高 1 个百分点，会带动二手住房成交量提高 0.384 个百分点，也反映了新建住房市场走热会进一步带动二手住房市场走热，两个市场之间具有较强的联动性。

第二，lnxfp 对二手住房成交量变动的影响为正，且在模型 1 至模型 5 的回归结果中均显著为正，在随后加入其他控制变量后估计结果不再显著，但是系数符号仍然是正的。因此，按模型 5 结果来看，新建住房价格的上涨，会促进二手住房市场走热，从而提高二手住房的成交量，即新建住房成交价格每提高 1 个百分点，则会提高二手住房成交量 0.099 个百分点。这进一步证明了二手住房市场和新建住房市场之间的联动性，以及二手住房和新建住房间互为替代产品，且其替代弹性为 0.099，证实了新建住房价格的上涨，会迫使部分购房者从新建住房市场流入二手住房市场，并增加对二手住房的有效需求。

表 4-4　　　　　　　　主要变量的逐步回归结果

变量	模型 1 fe	模型 2 fe	模型 3 fe	模型 4 fe	模型 5 fe	模型 6 fe	模型 7 fe	模型 8 fe
ln*xfq*	0.333** (3.23)	0.352** (3.16)	0.340** (3.00)	0.382** (3.2)	0.359** (3.36)	0.360** (3.2)	0.383** (3.39)	0.384** (3.33)
ln*xfp*		0.140* (2.32)	0.452** (2.48)	0.450** (2.81)	0.329* (2.23)	0.232 (1.64)	0.093 (0.74)	0.099 (0.72)
ln*erp*			−0.228 (−1.94)	−0.244* (−2.28)	−0.307* (−2.15)	−0.255 (−1.65)	−0.531*** (−5.2)	−0.542*** (−5.01)
ln*jgmj*				−0.081*** (−6.56)	−0.080*** (−7.4)	−0.078*** (−7.27)	−0.081*** (−9.77)	−0.081*** (−9.68)
ln*renkou*					0.588** (3.32)	0.681*** (3.83)	1.451*** (9.55)	1.549*** (5.26)
ln*kzmj*						−0.065 (−1.2)	−0.104 (−1.85)	0.990** (2.83)
ln*rjgdp*							0.893* (2.34)	−0.103 (−1.74)
ln*czsr*								−0.059 (−0.32)
_cons	3.233*** (8.41)	1.708* (2.00)	0.691 (0.53)	0.945 (0.79)	−0.002 (0.00)	0.223 (0.2)	−10.02** (−2.93)	−11.344** (−2.88)
观测值	72	72	72	72	72	72	72	72

注：1. FE 代表固定效应模型；2. 圆括号里的数据为估计系数的 t 值；3. ***、**、* 分别表示在 1%、5%、10% 水平下显著。

第三，ln*erp* 对二手住房成交量变动的影响为负，大小为 −0.542，且在 1% 的显著性水平下显著，即二手住房成交价格每提高 1 个百分点，会造成二手住房成交量下降 0.542 个百分点，这说明二手住房价格的快速上涨，会抑制二手住房成交量的增长，降低二手住房市场热度。此外，由于对二手住房成交量和成交价格取了对数，所以相应的估计系数也是二手住房的价格弹性，弹性大小为 0.542，是小于 1 的，说明深圳各区二手住房是属于缺乏弹性的商品，即二手住房价格的上涨并没有出现同幅度的成交量的下降。这意味着如果要售出手里的二手住房，在二手住房市场行情较好的时候可以采取适度提价的行为，对卖方的人是有益的；当二手住房市场行情出现平稳或未来预期下滑的时候，应当以尽快卖出为主，不要提价，以"落袋为安"为主。同样对于购买二手住房者而言，则可以采取反向操作，即当二手住房市场行情较好的时候，以尽快购买为主，避免拖沓；反之，当市场行情趋弱或平稳的时候，则可以在价格谈判上压价等。

第四，反映房地产开发企业行为情况的变量包含两个。其一，ln-jgmj 的估计系数为负，大小为 -0.081，且在 1% 的显著性水平下显著，即新建住房供应面积每提高 1 个百分点，则相应的二手住房成交量下降 0.081 个百分点，说明新建住房供应的增加，会抑制二手住房成交量的增加，但是影响较弱。分析认为新建住房供应的增加，意味着整个房地产市场供给的增加，购房者可供选择的范围增加，也就必然会吸引更多的购房者从二手住房市场撤离，进入新房市场，从而削弱了二手住房市场活跃度和抑制了成交量的增加。其二，在逐步引入该变量 lnkzmj 进入模型回归的过程中，发现变量的估计系数符号发生了变化，同时变量的显著性也发生了变化，在模型 8 中是显著为正的。分析认为，通常来说空置面积的增加，说明房地产市场行情走低，由于二手住房市场更趋向于市场化，购房者和卖房者都是由很多的个人或家庭组成，价格相对新建住房富有弹性，因此在房地产市场行情趋弱的情况下，二手住房市场极有可能会出现"价跌量涨"的局面。

第五，lnrenkou 的估计系数符号为正，大小为 1.549，且在 1% 的显著性水平下显著，即城市人口数量每增加 1 个百分点，则意味着二手住房成交量增加 1.549 个百分点，从逐步加入该变量的模型 5 至模型 8 的回归过程中可以看到，系数符号均为正，且均是显著的。分析认为城市人口数量是决定一个城市经济社会活跃度的重要因素，同样也是决定房地产市场活跃度的关键因素，城市吸引更多的人口迁入（工作或居住），这些人必然面临住房的需求，对深圳这种新迁入人口占多数的城市，即便是只有一小部分新迁入人口把对住房的需要转化为购买需求，也会活跃新建住房市场和二手住房市场，进而切实促进二手住房成交量的增加。

第六,反映经济发展水平和城市基础设施建设情况的两个变量符号均为负数,但没有通过显著性检验。具体来看,变量 lnczsr 在逐步回归过程中始终没有显著,分析认为,可能是由于二手住房供应主要以城市建设相对较成熟的老城区为主,公园、教育、购物等各项设施都比较完善,从而造成该变量对二手住房市场影响的不显著。变量 lnrjgdp 在逐步回归过程中的模型 7 中估计系数是显著为正的,只是在加入新的变量后变得不再显著。通常来说,城市经济发展水平越好,经济基本面上扬,越有助于房地产市场的整体活跃度和增强对二手住房的需求。

二 稳健性分析

(一) 变量滞后一期回归

在模型的检验过程中可能存在潜在的内生性问题,而严重的内生性问题会使回归结果出现较大的偏差,进而影响估计结果的稳健性,不利于检验分析。因此,为了避免内生性问题可能产生的回归结果出现偏误,本章将二手住房成交面积 (lnerq)、新建住房成交面积 (lnxfq)、新建住房成交价格 (lnxfp)、新建住房竣工面积 (lnjgmj)、新建住房空置面积 (lnkzmj)、城市常住人口数量 (lnrenkou)、城市经济发展水平 (lnrjgdp)、城市基础设施建设实力情况 (lnczsr) 等变量均滞后一期在此进行回归估计,以便检验设定模型的稳健性,表 4-5 中的模型 1 报告了具体回归结果。可以看出,影响二手住房成交量波动的各个变量中多数变量符号、显著性与表 4-4 中基准模型 8 均是一致的,其中仅新建住房空置面积变量 lnkzmj 的估计系数为负但不显著(基准模型 8 中该变量是显著为正的)、城市经济发展水平变量 lnrjgdp 的估计系数显著为正(基准模型 8 中该变量系数为负但不显著),这进一步说明模型的设定是合理科学的,就回归结果进行分析是可行的,回归结果是稳健的。

(二) 动态面板回归分析

从上述传统面板回归模型可以看出,虽然静态面板数据回归具有时间序列和截面数据分析不具有的优势,但是若想更好地揭示宏观经济关系存在的内在动态属性,就有必要充分发掘面板数据的优势,使用动态面板数据。因此,本章将继续采用系统广义矩估计和差分广义矩估计方法进行回归分析,以便进一步考察模型回归结果的稳健性,同时有助于克服模型估计结果存在的内生性等问题。表4-5中的模型2、模型3分别给出了SYS-GMM和DIF-GMM的估计结果。在利用广义矩估计方法过程中,一是利用Sargan检验工具变量过度识别问题,检验结果表明我们不能拒绝"所有工具变量均有效"的原假设,从表4-5中也可以看出Sargan检验的p值都大于0.1;二是使用Arellano-Bond统计量检验广义矩估计中扰动项序列相关问题,二阶序列相关AR(2)检验结果表明,扰动项差分存在一阶自相关,但不存在二阶自相关,支持估计方程的扰动项不存在二阶自相关的假设。综合Sargan检验和Arellano-Bond统计量检验说明本章设定的模型是合理的,工具变量也是有效的。Blundell和Bond(1998)及Roodman(2006)认为使用系统广义据估计GMM方法可以增强工具变量的有效性,也能获取更多的信息。因此,本章结合上述分析,将选择表4-5中的模型2作为基准模型与本章前述模型回归结果进行对比分析。

表4-5　　稳健性分析回归结果

变量滞后一期	模型1 稳定性分析	变量	模型2 系统GMM	模型3 差分GMM
		$L1.erq$	0.061 (0.67)	-0.115 (-1.15)
		$L2.erq$	-0.132* (-1.84)	-0.344*** (-13.18)
$L1.\ln erp$	-0.744** (-3.63)	$\ln erp$	-0.672*** (-4.93)	-0.404*** (-3.56)
$L1.\ln xfq$	0.385** (3.32)	$\ln xfq$	0.179*** (3.09)	0.128*** (8.9)
$L1.\ln xfp$	0.204 (1.32)	$\ln xfp$	0.534*** (3.55)	0.238** (2.24)

续表

变量滞后一期	模型 1 稳定性分析	变量	模型 2 系统 GMM	模型 3 差分 GMM
L1.ln*jgmj*	−0.086*** (−8.96)	ln*jgmj*	−0.086*** (−2.98)	−0.028*** (−2.71)
L1.ln*kzmj*	−0.083 (−1.22)	ln*kzmj*	−0.055 (−0.93)	−0.044 (−1.55)
L1.ln*renkou*	1.677** (3.29)	ln*renkou*	1.199*** (5.12)	0.663*** (2.64)
L1.ln*rjgdp*	1.367** (2.61)	ln*rjgdp*	1.101*** (5.08)	−0.581 (−1.25)
L1.ln*czsr*	−0.106 (−0.46)	ln*czsr*	−0.232 (−1.04)	0.309*** (2.8)
_cons	−15.446* (−2.48)	_cons	−12.487*** (−4.92)	9.87* (1.82)
		AR1−检验	−1.6962 [0.0899]	−2.0315 [0.0422]
		AR2−检验	1.3996 [0.1616]	1.9492 [0.0513]
		Sargan 检验	104.3706 [0.1428]	46.79128 [0.6029]
观测值	72	观测值	66	66

注：1. 圆括号里的数据为估计系数的 t 值，方括号里数据为统计量的 p 值；2. ***、**、*分别表示在1%、5%、10%的显著性水平下显著；3. L1. 代表对应变量的滞后一期，L2. 代表对应变量的滞后两期。

第一，通过对比表4-5中的模型2的回归结果和表4-4中基准回归模型8的估计结果可以发现，两个模型中各变量的回归结果中多数变量系数估计符号、显著性与表4-4中基准模型8均是一致的，其中仅新建住房空置面积变量 ln*kzmj* 的估计系数为负但不显著（基准模型8中该变量是显著为正的）、城市经济发展水平变量 ln*rjgdp* 的估计系数显著为正（基准模型8中该变量系数为负但不显著），这进一步说明本章模型的设定是合理科学的，就回归结果进行分析是可行的，回归结果是稳健的。同时也可以判定经济发展水平对二手住房市场的影响是显著为正的，即经济发展越好，整体经济形势越好，越有助于更多的居民愿意且有能力购买二手住房，进而带动二手住房市场活跃度和成交量的上升。

第二，从表4-5中的模型2的估计结果中发现，二手住房成交情况变量自身也会受到过去成交量的影响。一是二手住房成交量 lnerq 滞后一期的估计系数为正，但不显著，分析认为，一方面是由于整体房价相对较高，购买一整套房几乎耗尽了多数家庭的资金，因此当期二手住房市场的活跃度和成交量的快速增加，意味着当前有实力购房的多数居民在购房后也不具备再次购买的实力，即购房很难形成惯性；另一方面是由于二手住房市场的持续活跃，也可能会引起房地产市场的恐慌，会出现"追高现象"，可能会吸引原本不想购买或者没有实力购房的居民，此时愿意购买或者想方设法贷款、借钱（"六个钱包"理论）进入二手住房市场购买住房。在上述因素影响下，可能造成二手住房对自身的影响短期内是显著的。二是二手住房成交量 lnerq 滞后二期的估计系数显著为负，说明二手住房成交量自身在中期内对未来成交情况会产生一定的抑制效应。分析认为当二手住房市场活跃度和成交量快速增加后，经过滞后一期的消化，基本上有实力购房或者愿意购房的居民基本上已经在现阶段入市购房，因此就会出现在滞后两期时成交量下降的现象，这大体上也契合房地产市场以及二手住房市场周期。

三　分时段分析

不同时期二手住房市场所处的外部环境是不一样的，从而造成了二手住房市场的周期和影响因素的复杂性。因此，为了进一步考察研究影响深圳二手住房市场的因素，本章进一步分时间阶段进行回归估计和检验。首先，将深圳六个区的2008—2020年的样本数据分为2008—2013年、2014—2020年两个阶段；其次，进一步适度放宽两个阶段市场，以进一步考察影响因素显著性的变化和不同时期影响的差异性，表4-6中模型1至模型4分别报告了各时段的具体回归结果。

表 4-6　　　　　　　　　　分时段回归结果

变量	模型 1 2008—2013 年	模型 2 2014—2020 年	模型 3 2008—2016 年	模型 4 2011—2020 年
lnerp	-0.816 (-1.23)	-0.194 (-0.73)	-0.962* (-2.51)	-0.356* (-2.51)
lnxfq	0.618*** (6.18)	0.243*** (6.31)	0.664*** (6.75)	0.254** (3.16)
lnxfp	0.085 (0.51)	0.171 (0.64)	-0.132 (-0.78)	0.33** (3.39)
ln$jgmj$	-0.105* (-2.37)	-0.043 (-1.78)	-0.099** (-3.99)	-0.023** (-3.7)
ln$kzmj$	-0.168 (-1.63)	-0.05 (-0.37)	-0.159 (-1.75)	0.048 (0.88)
ln$renkou$	8.12* (2.27)	-0.059 (-0.11)	3.917*** (8.18)	0.289 (0.75)
ln$rjgdp$	3.602* (2.12)	-2.076** (-3.27)	3.204*** (4.68)	-0.22 (-0.38)
ln$czsr$	-1.477** (-2.78)	0.737** (2.55)	-0.688 (-1.73)	0.435 (1.4)
_$cons$	-65.512*** (-8.67)	25.484** (2.77)	-40.752*** (-4.76)	2.603 (0.4)
观测值	36	42	54	60

注：1. 圆括号里的数据为估计系数的 t 值；2. ***、**、* 分别表示在 1%、5%、10% 水平下显著。

由表 4-6 分时段模型回归可知，模型 1（2008—2013 年）的核心解释变量中除二手住房成交价格影响不一致外，其余变量的估计系数符号、显著性等均与前述基准模型一致，其他变量中反映新建住房供应、城市人口数量的两个变量估计结果也是一致的。模型 2（2014—2020 年）的回归结果中同样是除二手住房成交价格影响不一致外，其余核心解释变量估计系数符号、显著性等均与前述基准模型一致。分析认为，一是由于把样本期内的时间跨度分为两个阶段，直接减少

第四章 深圳二手住房市场空间特征及影响分析 | 109

了样本量,特别是用于考察时间趋势影响因素,造成影响的不确定性和波动性增加,从而造成回归结果的不一致。二是各时间阶段房地产市场特征、面临的外部环境不一样,例如模型 1 的时间跨度中刚好经历了 2008 年国际金融危机,从而造成房地产市场的大起大落,成交量和成交价格均出现了较大幅度波动,这种异常现象在时间跨度较少的情况下往往会影响变量符号的显著性;模型 2 中刚好赶上了 2015 年之后深圳房地产市场周期的上扬期,这一阶段房地产市场在各种因素的影响下持续活跃,深圳二手住房价格快速上升,从而造成价格在住房市场的影响效应下降,出现了影响不显著现象。

从表 4-6 中的模型 1、模型 2 的分时段回归结果可以看出,在时间跨度较小的情况下,由于该时期内往往只包含一种较大的经济影响因素,从而造成了回归结果的显著性降低。因此,为进一步考察不同时期的影响差异,将放宽时间跨度,将模型 1(2008—2013 年)时间跨度放宽至 2008—2016 年,模型 2(2014—2020 年)时间跨度放宽至 2011—2020 年,表 4-6 中的模型 3、模型 4 分别给出了对应的放宽时段后的回归结果。一是与基准模型 8 结果对比来看,模型 3 和模型 4 的回归结果多数变量的估计系数符号、显著性与基准模型是一致的,特别是核心解释变量(二手住房成交价格、新建住房成交情况、新建住房供应情况三个变量)在符号上与基准模型是一致且显著的,而且反映新建住房成交价格的变量也通过了显著性检验。二是对比模型 3 和模型 4 来看,不同时期二手住房市场的主要影响因素是不一样的,一方面在影响因素上存在共性,在二手住房成交价格、新建住房成交情况、新建住房供应情况三个变量估计符号一致且均是显著的,模型 3 中新建住房成交价格变量为负且不显著,而模型 4 新建住房成交价格变量显著为正,进一步说明核心影响因素是基本是一致的;另一方面在控制变量影响显著性上存在差异,模型 3 反映市场需求情况、经济发展水平的两个变量均显著为正,而模型 4 对应的控制变量均不显著,分析认为不同时期出现的差异性主要是由于各自阶段涵盖的重大影响事件不同。三是对比模型 3(2008—2016 年)和模型 1(2008—2013 年)来看,时间跨度放宽后显著性的变量增加了,其中核心解

释变量（二手住房成交价格）由不显著转变为显著。四是对比模型 4
(2011—2020 年) 和模型 2 (2014—2020 年) 来看差异较大，模型 4
中四个核心解释变量均显著且控制变量不显著，而模型 2 中核心解释
变量只有新建住房成交情况变量显著为正，其余核心解释变量不显
著，但是控制变量中反映经济发展水平和市场需求情况的两个变量均
显著。总的来说，通过延长时间跨度增加样本，能够有助于增强变量
检验的显著性，也进一步说明了本章模型设定的准确性以及影响二手
住房市场因素的复杂性。

四 分区域分析

为进一步地考察各区域之间的影响因素差异，本章把样本划分为
原关内区域（包含罗湖、福田、南山、盐田四个区）、原关外区域
（包含大宝安、大龙岗两个区域）两个样本进行回归分析，表 4-7 给
出了对应的回归结果。首先，分析原关内区域情况，表 4-7 中的模型
1 是未加入控制变量情况下的回归结果，此时只有反映新建住房成交
量的变量显著，且符号与基准模型一致。当加入控制变量后，在模型
2 回归结果中，反映二手住房成交价格的变量变为显著，另外两个核
心解释变量与基准模型回归结果一致。

其次，分析原关外区域情况，表 4-7 中的模型 3 是未加入控制变
量情况下的回归结果，此时反映二手住房成交价格、新建住房成交情
况、新建住房供应情况三个变量均显著。当加入控制量后，在模型 4
回归结果中，核心解释变量显著性变弱，仅有新建住房成交量显著为
正，其余均不显著。

表 4-7 分区域回归结果

变量	原关内区域		原关内区域	
	模型 1	模型 2	模型 3	模型 4
ln*erp*	-0.179 (-1.58)	-0.799** (-3.26)	-0.594* (-6.62)	-0.685 (-4.92)
ln*xfq*	0.275** (3.02)	0.335** (3.67)	0.82* (10.53)	0.938** (14.2)

续表

变量	原关内区域		原关内区域	
	模型 1	模型 2	模型 3	模型 4
lnxfp	0.284 (1.97)	0.128 (0.92)	1.079* (10.14)	0.74 (1.08)
ln$jgmj$		−0.08*** (−6.15)		−0.016 (−0.08)
ln$kzmj$		−0.02 (−0.3)		−0.27** (−15.31)
ln$renkou$		2.403 (1.17)		1.286 (1.87)
ln$rjgdp$		1.797 (1.6)		1.452 (2.8)
ln$czsr$		−0.263 (−0.41)		−0.327 (−0.58)
_$cons$	2.13* (2.34)	−21.352 (−1.22)	−4.545** (−26.49)	−22.223 (−3.91)
观测值	52	52	26	26

注：1. 圆括号里的数据为估计系数的 t 值；2. ***、**、*分别表示在 1%、5%、10%水平下显著。

最后，对比两个区域情况看，反映新建住房成交量的变量的估计系数符号显著性均是一致的，说明新建住房市场需求无论是在各区域，还是全区域影响都是一致的。反映二手住房成交价格的变量估计结果基本是一致的，虽然不同回归模型在显著性上有所差异，但是符号是一致的。另外，原关内区域新建住房供应情况对二手住房影响显著为负，而原关外区域新建住房成交价格对二手住房影响显著为正，对新建住房控制面积影响显著为负。说明不同区域市场主体的特性、区域特征等影响了各变量的显著性，造成了影响因素的差异性，但是在总体上是一致的。

第五节　本章小结

　　城市的经济发展和建设，通常来说都是由中心城区率先发展，然后逐渐外溢，向外扩展，把郊区变成新城区。正是在这样的发展过程中，二手住房市场慢慢兴起，甚至超过新建住房成为房地产市场的主要组成部分，同时也造成了一个城市内不同区域之间的房地产市场差异，特别是新旧城区之间差异尤为明显，即旧城区往往率先进入以二手住房为主的房地产市场新时期，而此时新城区房地产市场仍然是以新建住房为主，二手住房市场恰恰方兴未艾。因此，为更好地分析城市内二手住房市场的空间特征和影响差异，本章结合前文理论分析和影响因素分析，基于深圳六区 2008—2020 年面板数据，选择用二手住房成交量变动来反映二手住房市场的整体变动情况，从二手住房成交价格波动情况、新建住房市场供求变动情况、房地产开发企业行为情况、需求因素情况、城市基础设施与环境改善情况、经济发展情况 6 个方面 9 个变量进行了实证分析。研究结论主要体现在以下几个方面。

　　第一，二手住房成交面积占比总体上呈现上升的趋势，各区间差异显著。具体来看，一是总体上样本期内二手住房成交面积与新建住房成交面积的比值的均值为 1.32，说明已进入以二手住房为主的房地产市场新时期。二是从各区之间的情况来看，关内的罗湖、福田、南山、盐田四个区二手住房成交面积与新建住房成交面积的比值呈现上升趋势，且上升的幅度较大，但是罗湖、福田两区的比值高于其他区；关外的两区（宝安、龙岗）二手住房成交面积与新建住房成交面积的比值也存在较大差异，宝安比值总体上呈现上升趋势，但是增长较小，龙岗比值在 2010 年后有所下降，但是在 2015 年后出现较大幅度上升，且已大于 1.00，有进入以二手住房为主的房地产市场新时期趋势。三是各区对比来看，各区二手住房成交面积与新建住房成交面积的比值大小依次为罗湖、福田、盐田、南山、龙岗、宝安，呈递减

第四章 深圳二手住房市场空间特征及影响分析

态势，其中罗湖、福田两区比值较大，远高于其他各区；宝安、龙岗两区比值仍然小于1.00，远低于其他各区。另外，就光明、龙华、坪山、大鹏四个区的情况来看，2020年四个区的二手住房成交面积仍然低于新建住房成交面积，但是龙华比值最高，达到了0.87，大有超过新建住房的趋势；其他各区比值较低，均低于0.50，其中光明区仅为0.10、坪山为0.24，说明各区仍以新建住房成交为主。

第二，二手住房市场与新建住房市场之间联系密切。一是从二者市场成交量情况来看，其联动性较强，即当新建住房成交量当期提高1个百分点，会带动二手住房成交量的提高0.384个百分点，说明新建住房市场走热会进一步带动二手住房市场走热，但是在幅度上小于新建住房市场。二是二手住房和新建住房互为替代产品，且其替代弹性为0.099，证实了新建住房价格的上涨，会迫使部分购房者从新建住房市场流入二手住房市场，并增加对二手住房的有效需求。

第三，二手住房市场的需求价格弹性为0.542，即二手住房成交价格每提高1个百分点，会造成二手住房成交量下降0.542个百分点。这一方面说明二手住房价格的快速上涨，会抑制二手住房成交量的增长，降低二手住房市场热度；另一方面，弹性小于1，说明深圳各区二手住房是属于缺乏弹性的商品，即二手住房价格的上涨并没有出现同幅度的成交量的下降。这意味着新建住房和二手住房不同房地产时期采取的策略是有差异，例如如果要售出手里的二手住房，在二手住房市场行情较好的时候可以采取适度提价的行为，对卖房的人是有益的；当二手住房市场行情出现平稳或未来预期下滑的时候，应当以尽快卖出为主，不要提价，以"落袋为安"为主。

第四，在引入控制变量后，本章研究发现反映新建住房供应情况的变量对二手住房市场具有抑制效应，而反映新建住房空置面积变动情况的变量对二手住房市场具有促进效应。另外，反映经济发展水平、市场需求和城市人口数量情况的变量对二手住房市场具有促进效应，即有助于活跃二手住房市场和促进二手住房成交量的增加。

第五，在基准回归的基础上，采用延长所有变量的滞后期和SYS-GMM两种方法进行了稳健性检验分析，结果表明本章设定模型是合理的，本章回归结果是稳健的。通过分时段回归分析表明，延长时间跨度，增加样本，能够有助于增强变量检验的显著性，也进一步说明了本章模型设定的准确性以及影响二手住房市场因素的复杂性。另外，在分区域回归的过程中，本章研究发现原关内区域与原关外区域在对二手住房市场的影响中既有共性，又存在一定的差异性，但是以共性为主。

总的来说，深圳整体上已进入以二手住房为主的房地产新时期，但是各区之间差异明显，关内各区普遍以二手住房交易为主，而关外的宝安、龙岗等区仍以新建住房交易为主。对深圳六个辖区的二手住房影响因素进行深入的剖析以及实证研究，为下文更好地构建二手住房市场监测预警指标体系提供了良好的理论基础和实践参考。

第五章 深圳二手住房监测预警指标体系的构建

第一节 引言

深圳作为我国房地产开发先试先行的区域，20世纪80年代初开始商品住房开发建设，并于80年代末开始试点二手住房交易，经过多年的发展，特别是自1998年我国住房制度改革以来，更是发展迅速，并逐步走向成熟。据深圳房地产年鉴统计数据，深圳于2006年进入以二手住房为主体的房地产市场新时代。然而，通过梳理近年来的相关研究文献，我们看到目前有关房地产市场的研究，更多的是针对新建住房市场，研究方向主要集中在房价上涨的影响因素、房地产泡沫的监测预警、房地产的财富效应、房价上涨带来的财富再分配和收入分配失衡、房地产市场监测预警5个方面进行相关拓展研究，仅有少量的关于二手住房相关方面的研究文献，而关于二手住房监测预警指标体系的研究几乎没有。尽管如此，关于新建住房的研究也为展开二手住房相关方面的研究，提供了良好的文献、研究方法与视角等支持。因此，本章将在新建住房相关方面已有研究基础上，结合本章关于深圳二手住房市场的影响因素分析情况，从经济预警理论的角度，构架深圳二手住房市场监测预警指标体系。本章首先确定指标体系建立的原则和依据；其次，确定指标体系选择方法与筛选流程；最后，在第一步和第二步基础上，从初选指标中选出最优指标，并构建监测指标体系。

第二节　指标体系建立的原则与依据

二手住房的监测预警，首要的一点就是确定科学、可靠的指标体系，能够准确反映二手住房市场现状和未来发展趋势，能够有效反映二手住房市场运行过程中存在的潜在风险，这也是科学、客观、准确对二手住房市场进行监测预警的前提和基础。因此，本章在筛选二手住房监测预警指标时遵循以下原则。

第一，指标的重要性。二手住房监测预警指标体系主要能够科学、准确、客观地反映二手住房市场的波动、趋势以及风险警情情况。因此，选择的指标要具有较大的影响，与二手住房相关性强且有代表性。这一方面，能够反映二手住房市场运行的基本规律；另一方面，能够反映二手住房运行的风险警情情况，具有代表性，有利于及时采取调控措施，防范风险持续扩大。

第二，指标的全面性。指标的选取要综合考虑对二手住房影响的各个因素，力求最大限度地覆盖。就二手住房的发展历程来看，二手住房除受自身的影响外，还在很大程度上受新建住房的影响，且二者之间具有一定的联动性，因此，部分对新建住房的影响因素也可能会影响到二手住房。此外，影响二手住房的因素还有经济发展、收入水平等宏观基本面，信贷、利率等货币金融政策。总之，指标要尽可能覆盖影响二手住房需求、供给的各个方面。

第三，指标的有效性。指标的有效性指二手住房监测预警指标体系要能清晰、直观地反映市场情况，预警系统要与经济现实相契合，确保二手住房监测预警系统有效。

第四，指标的敏感性。指标的敏感性要求所选取监测预警指标能够及时、准确地反映市场的变化，对风险警情情况能够及时反映，确保二手住房监测预警指标体系能够实时发挥监测预警功能。

第五，指标的可操作性。指标的可操作性指所选取的指标涉及的数据要能够准确地获取，数据来源要可靠、权威，而且获取的数据能够进行计算和量化，否则指标也不可用。

第六，指标的简洁性。选取监测指标在确保指标完备、全面的同时，也要避免部分指标的重复，例如有些指标反映的经济现实存在雷同性，需要从中选取更具有代表性的一个。

第三节 指标体系选择方法与筛选流程

一 二手住房监测预警指标的初次选取

选取合理、有效、科学的影响因素是正确判断二手住房的走势、冷热程度的重要基础和前提。结合前述关于深圳二手住房市场现状、特征及影响因素的分析，正确判断二手住房的关键主要包括以下几个方面。

第一，二手住房的供求。通常来说，市场上的供给和需求情况共同决定了市场的冷热情况，但是由于住房有着不同于一般商品的特性，即住房不仅具有使用属性，而且还具有保值增值的投资、投机炒作属性，从而决定了二手住房的供给和需求不同于一般商品在市场上的反映特性。此外，二手住房的供给不同于新建住房，二手住房的供给者主要是个人，因此个人会根据对市场的判断来决定供给与否，在看涨的情况下，可能会存在惜售的心理；同样二手住房的买方也主要是个人，而个人在购房的时候也会对市场做出相应的判断，且存在买涨不买跌的心态。

第二，二手住房与新建住房之间存在强烈的替代性，即互为替代产品。因此，新建住房价格的波动会影响购房者在新建住房市场和二手住房市场之间流动，通常来说当新建住房价格上涨时，尤其是当上涨幅度大于二手住房涨幅时，由于二者之间互为替代产品，会让部分购房者从新建住房市场转向二手住房市场，增加对二手住房的需求，反之，则会降低对二手住房的需求。

第三，二手住房和新建住房之间存在较强的联动性，即当新建住房市场成交量上升、市场走热的时候，会带动二手住房市场走热和二手住房成交量的增加，反之，市场会共同趋冷。因此在这一联动性影响下，新建住房的供给情况也会影响到二手住房的热度，比如当新建住房供应面积增加时，会增加购房者的可选择性，从而吸引到更多的购房者，甚至让部分购房者从二手住房市场转向新建住房市场；当新建住房的空置面积增加时，也会不同程度影响到二手住房市场的买卖情况。

第四，土地市场出让情况。土地市场与房地产市场之间有着紧密的关系，正常情况下，土地出让面积的增加，会增加未来新建住房的供给，进而会减少对二手住房的需求；土地出让价格的上涨，也会缓慢地影响到未来上市住房的价格，进而也带动二手住房价格的上涨。但是在土地出让大幅上涨，尤其是出现"地王"时，在媒体的报道下，这一影响会被快速放大，并迅速影响到周边二手住房市场，造成二手住房价格的跳跃式上涨，而且也会让部分住房持有者持观望态度，并保持"惜售"。

第五，宏观经济环境。宏观经济环境与房地产存在着密切的关系，若宏观经济持续走好，则必然会带动房地产业的发展。例如经济持续增长，必然会带动人均收入水平的上升，进而又会带动对其他需求的提升，包括消费品质、住房品质等，从而推动房地产业的走强和发展；若国家出现通货膨胀，尤其是持续出现较高的通货膨胀水平时，居民也会为了保值增值的需要，而倾向于购买大量的房产；同样当一个城市出现人口大量流入时，增加的居民需要住房，也会推动房地产业的繁荣，并带动二手住房的持续发展。

第六，金融市场情况。由于房地产开发需要大量的资金，无论是企业还是个人，都很难用自有资金完成。因此，金融在房地产开发的各个环节都发挥着重要作用，如开发商竞拍土地需要贷款、建设过程也需要大量资金、销售环节个人购房也都需要贷款。所以，作为衡量资本成本的价格利率水平就在各个环节起着重要的调节作用，利率水平的波动会影响到开发商和购房者的贷款决策，尤其是在短期影响可能会更大。

第七，房地产市场开发投资行为。通常来说，房地产开发商会根据企业对未来市场的判断来决定现在是否需要竞拍土地、加大投资建

第五章 深圳二手住房监测预警指标体系的构建

设、在建楼盘尽早竣工上市等，而开发商的这一决策可能会影响到购房者对未来楼市的预期，进而影响到居民是否现在还是未来购房的决策。

基于上述判断和指标选取的原则，本章选取二手住房市场监测预警体系的备选指标有七个方面。一是二手住房成交量的增长率反映二手住房市场的冷热程度，其相应的替代变量包括二手住房成交量、二手住房价格。二是新建住房市场供求情况，包括新建住房成交量、新建住房价格、新建住房空置面积、新建住房的批准预售面积以及上述变量的增长率。三是土地市场出让情况，选取住房用地出让面积、土地出让价格以及上述变量的增长率。四是反映宏观经济情况的变量。用国内生产总值和人均国内生产总值反映经济的发展情况，用人均可支配收入和在职职工工资反映收入情况，用财政支出反映城市对基础设施投资力度以及对未来环境改善的预期程度，用消费者价格指数反映居民对货币的贬值与否的预期以及持有货币的容忍度，用第三产业产值情况反映产业结构改善和人口吸纳力情况，用房地产业产值反映房地产业整体发展情况。五是人口情况，通常来说一个地方的户籍人口拥有更强的购买力，尤其是深圳这类大城市，就业人员因为有工作和稳定收入，也具备较强的购买力，然而常住人口的变化更能显示一个地方对外来人口的吸引力，因此为更好地衡量人口变动对二手住房市场的影响，选择常住人口、户籍人口、就业人数来反映深圳人口情况。六是金融环境，用利率水平反映市场的借贷成本以及持有货币的机会成本，用金融机构存贷款情况来反映市场的货币供给情况。七是房地产开发企业行为，由于二手住房和新建住房之间的关系更为密切，因此选用住房开发投资、新建住房竣工面积及其增长率来衡量。上述备选指标包含七个方面共29个指标，分别为：二手住房成交量、二手住房价格；新建住房成交量、新建住房价格、新建住房空置面积、新建住房的批准预售面积、新建住房可售面积；住宅用地出让面积、土地出让价格；国内生产总值、人均国内生产总值、第三产业值、人均可支配收入、在职职工工资、人均消费支出、财政支出、消费者价格指数（通货膨胀）、房地产业值；常住人口、户籍人口、就业人数、轨道承运人口、人均居住面积；金融机构存款、贷款、实际居民存款、利率水平；住宅开发投资、新建住房竣工面积，上述各个指标均采用增长率数据来衡量，这样更能反映市场的波动情况。

二 基于时差相关分析的二手住房监测预警指标的再次选取

从上述选出的 20 多个指标可以看出，一是包含的指标太多；二是这些指标二手住房影响的大小和重要性不一样；三是这些指标对二手住房的影响是先行、同步还是滞后都不确定。因此，本章尝试用时差相关分析法来确定二手住房市场影响的初选指标对备选指标影响的大小、时序，进而确定指标是领先、同步还是滞后等。

（一）时差相关分析法

时差相关分析法是国内外学者在判断经济序列领先、同步及滞后性质的关系时，广泛采用的一种相对科学、实用的计量方法。采用时差相关分析法的步骤为：首先，确定基准指标，该指标必须是一个重要的、能够敏感反映所要分析的经济活动的时间序列指标。其次，计算备选指标与基准指标之间的相关系数。相对于基准指标，通常将被选指标在时间上向前或后移动若干个期数，然后计算出移动后的被选指标与基准指标指尖的相关系数。最后，根据得到的相关系数绝对值大小判断被选指标相对于基准指标是领先、同步还是滞后。一般情况下，为增强研究的可靠性，应遵循有效的时差相关系数的绝对值大于 0.5 的原则，以更好地判断选择有效的领先、同步和滞后指标（陈旭，2013），即通过时间关系的量化来判断被选指标序列相对于基准指标序列是领先、同步还是滞后。假设 $y=\{y_1, y_2, \cdots, y_n\}$ 为基准指标，$x=\{x_1, x_2, \cdots, x_n\}$ 为被选指标，r 为时差相关系数，可得：

$$r_l = \frac{\sum_{t=k}^{T-|l|}(x_{t+l}-\bar{x})(y_t-\bar{y})}{\sqrt{\sum_{t=k}^{T-|l|}(x_{t+l}-\bar{x})^2 \sum_{t=k}^{T-|l|}(y_{t+l}-\bar{y})^2}} \quad 其中, k = \begin{cases} 1, & l \geq 0 \\ 1-l, & l < 0 \end{cases}$$

(5-1)

式（5-1）中，l 是超前、滞后的期数，$l>0$ 时表示滞后，$l<0$ 时表示领先，$l=0$ 时表示此时同步。T 表示时间序列的样本总量，即总时期数，$T-|l|$ 为 x 和 y 指标数据取齐后的数据个数。一般通过计算

若干期超前、滞后数的时差相关系数，然后进行对比分析，选出选择指标与基准指标之间时差相关系数最大的一期，表示指标领先或滞后的期数。通常时差相关系数 r 的取值范围为 [-1, 1]，其中，r 为-1 时表示完全负相关，r 为 0 时表示不相关，r 为 1 时表示完全正相关。

（二）监测预警指标的领先、同步和滞后期数的确定

根据前文分析，本章首先选定二手住房成交面积的增长率作为序列分析基准指标，用初次选取的二手住房价格的增长率、新建住房成交面积的增长率等 23 个指标作为分析的被选指标。其次，逐个计算被选指标与基准指标二手住房成交量增长率之间的时差相关系数，并选取绝对值最大的一项来判断该被选指标是领先指标、同步指标还是滞后指标。具体计算过程，本章使用 SPSS19.0 来实现，具体结果见表 5-1。表 5-1 中，仅给出了向前后分别移动 3 年的时差相关系数，一方面是因为本章所选时间序列的跨度较短，另一方面是因为被选指标对基准指标的影响集中在短期。

表 5-1 各个被选指标与基准指标的时差相关系数及时序性质判断

初步分类	初选指标	变量符号	领先（期数）相关系数 3	2	1	同步 0	滞后（期数）相关系数 1	2	3	相关系数最大值 Max|r|	时序性质	期数
二手住房价格	二手住房价格	erpp	0.319	-0.125	0.034	-0.205	-0.352	0.008	0.707	0.707	滞后	3
新建住房供求	新建住房成交面积	xfq	-0.084	-0.235	-0.112	0.829	-0.670	0.000	0.207	0.829	同步	0
	新建住房价格	xfpp	0.231	0.333	-0.585	0.400	0.323	-0.351	-0.143	-0.585	领先	1
	新建住房的批准预售面积	xfgy	0.239	-0.065	0.323	-0.204	-0.339	-0.065	0.344	0.344	滞后	3
	新建住房可售面积	ksmj	0.117	0.075	0.582	-0.332	-0.380	-0.157	0.477	0.582	领先	1
	新建住房空置面积	kzmj	-0.283	0.016	0.350	-0.494	-0.203	0.666	-0.163	0.666	滞后	2

续表

初步分类	初选指标	变量符号	领先（期数）相关系数 3	2	1	同步 0	滞后（期数）相关系数 1	2	3	相关系数最大值 Max|r|	时序性质	期数
土地市场情况	住房用地出让面积	zztdcr	0.407	-0.402	-0.117	-0.111	-0.020	0.524	-0.228	0.524	滞后	2
	土地出让价格	djp	-0.042	0.057	0.473	-0.304	-0.339	0.063	-0.005	0.473	领先	1
宏观经济情况	国内生产总值	sjgdp	0.238	0.092	-0.174	-0.120	0.228	-0.080	0.065	0.238	领先	3
	人均国内生产总值	sjrjgdp	0.239	0.178	-0.053	-0.121	-0.010	-0.160	0.177	0.239	领先	3
	第三产业产值	sjscy	0.471	0.049	-0.104	0.160	-0.080	-0.269	0.318	0.471	领先	3
	人均可支配收入	sjrjsr	0.256	-0.035	-0.212	0.260	-0.141	0.047	0.152	0.260	同步	0
	在职职工工资	sjpjgz	0.094	-0.067	0.270	0.227	-0.085	-0.092	-0.234	-0.234	滞后	3
	人均消费支出	rjxfzc	-0.392	0.777	-0.600	0.219	-0.071	-0.010	0.083	0.777	领先	2
	财政支出	sjczzc	-0.576	0.170	0.029	0.204	0.034	0.104	-0.312	-0.576	领先	3
	消费者价格指数	cpi	-0.185	0.296	0.331	-0.811	0.212	0.313	-0.080	-0.811	同步	0
	房地产业增加值	sjfdcy	0.334	-0.025	-0.615	0.477	-0.420	0.359	0.086	-0.615	领先	1
人口情况	常住人口	renkou	0.089	-0.098	0.016	0.331	0.176	-0.103	-0.102	0.331	同步	0
	户籍人口	hjrk	-0.063	0.214	0.159	-0.094	-0.433	0.093	0.075	-0.433	滞后	1
	就业人数	jyrs	0.331	0.081	-0.299	0.035	-0.149	0.104	-0.263	0.331	领先	3
	人均居住房面积	rjjzmj	0.045	-0.249	-0.147	0.132	-0.077	0.198	0.201	-0.249	领先	2
	轨道承运	gdcy	-0.002	0.023	-0.147	-0.400	-0.190	0.742	-0.029	0.742	滞后	2
金融环境情况	金融机构存款	sjck	-0.069	-0.064	0.039	0.250	0.035	-0.240	-0.130	0.250	同步	0
	贷款	sjdk	-0.244	0.013	-0.410	0.860	-0.289	-0.066	-0.005	0.860	同步	0
	实际居民存款	sjjmck	-0.042	-0.614	0.362	-0.024	0.147	-0.195	0.166	-0.614	领先	2
	利率水平	r	-0.157	0.341	0.412	-0.591	-0.105	0.137	0.128	-0.591	同步	0

续表

初步分类	初选指标	变量符号	领先（期数）相关系数 3	2	1	同步 0	滞后（期数）相关系数 1	2	3	相关系数最大值 Max|r|	时序性质	期数
房地产开发情况	住房开发投资	sjzztz	0.507	0.008	-0.141	-0.095	-0.244	0.129	-0.072	0.507	领先	3
	新建住房竣工面积	zzjgmj	0.068	-0.248	0.584	-0.709	0.198	-0.005	0.179	-0.709	同步	0

第四节　深圳二手住房监测预警指标体系的构建

表5-1给出了各个被选指标与基准指标的时差相关系数及时序性质判断，为增强研究的有效性，通常会剔除被选指标与基准指标之间时差相关系数绝对值的最大值小于0.5的指标，仅选择相应值大于0.5的被选指标，并根据时差相关系数绝对值的最大值所在的时期来判定是领先指标、同步指标还是滞后指标。因此，按照这一选择原则，确定得到二手住房成交量的领先指标有7个，分别为新建住房价格增长率、新建住房可售面积增长率、人均消费支出增长率、财政支出增长率、房地产业增加值增长率、居民存款增长率、住房开发投资增长率；同步指标有6个，分别为二手住房成交面积增长率、新建住房成交面积增长率、消费者价格指数、年末贷款余额增长率、利率水平、新建住房竣工面积增长率；滞后指标有3个，分别为二手住房价格增长率、新建住房空置面积增长率、住房用地出让面积增长率。基于7个领先指标构建二手住房成交量的先行预警指标体系，基于上述16个指标构建综合监测预警指标体系，具体如表5-2所示。此外，变量相关系数绝对值的大小也说明了该变量对二手住房活跃度的影响。

表 5-2　　　　　　　二手住房监测预警指标体系

时差判断	初选指标	变量符号	相关系数最大值 Max|r|	时序性质	期数
领先指标 (7个)	新建住房价格	xfpp	−0.585	领先	1
	新建住房可售面积	ksmj	0.582	领先	1
	人均消费支出	rjxfzc	0.777	领先	2
	财政支出	sjczzc	−0.576	领先	3
	房地产业增加值	sjfdcy	−0.615	领先	1
	居民存款	sjjmck	−0.614	领先	2
	住房开发投资	sjzztz	0.507	领先	3
同步指标 (6个)	二手住房成交面积	Erq	1.000	同步	0
	新建住房成交面积	xfq	0.829	同步	0
	消费者价格指数	cpi	−0.811	同步	0
	年末贷款余额	sjdk	0.860	同步	0
	利率水平	r	−0.591	同步	0
	新建住房竣工面积	zzjgmj	−0.709	同步	0
滞后指标 (3个)	二手住房价格	erpp	0.707	滞后	3
	新建住房空置面积	kzmj	0.666	滞后	2
	住房用地出让面积	zztdcr	0.524	滞后	2

第五节　本章小结

目前针对房地产市场监测预警指标体系的研究，主要针对新建住房市场或偏重于新建住房市场，而有关二手住房监测预警指标体系的相关研究研究较少。因此，本章在借鉴新建住房监测预警指标体系研究的基础上，首先，确定了二手住房监测预警指标体系构建的原则与依据。其次，在分析深圳二手住房监测预警指标特点及需要关注的方面基础上，利用综合分析法对监测预警指标体系进行初次筛选。最后，在上述基础上利用时差相关分析法，一是根据指标的领先、同步和滞后情况，把监测预警指标分成了先行指标、同步指标和滞后指标；二是根据时差相关系数的大小，最终筛选确定了包括新建住房价格增长率、新建住房可售面积增长率、人均消费支出增长率、财政支出增长率、房地产业增加值增长率、居民存款增长率、住房开发投资增长率、二手住房成交面积增长率、新建住房成交面积增长率、消费者价格指数、年末贷款余额增长率、利率水平、新建住房竣工面积增长率、二手住房价格增长率、新建住房空置面积增长率、住房用地出让面积增长率16个指标为主体的二手住房监测预警指标体系。

第六章 深圳二手住房监测预警系统综合评价分析

本章在上文构建的监测预警指标体系基础上，首先，对预警指标界限值进行确定和说明；其次，利用主成分分析法确定各监测预警指标的权重；再次，根据确定的预警界限值对各个指标进行警情分析；最后，在单指标警情情况和指标权重的基础上，确定年度综合警情情况并进行分析。

第一节 预警指标界限值的确定

在对二手住房市场进行监测预警时，首先应该对监测预警的各个指标警情情况进行科学合理的划分，以便对指标所反映的市场情况进行科学评判和分析。由于近年来国际宏观经济形势风云变幻，国际金融危机影响深远，加之我国城镇化进程大力推进，造成包括二手住房在内的房地产市场波动较大，所以本章在综合上述因素的影响下，结合已有的有关房地产监测指标警情情况划分标准，将深圳二手住房监测预警指标的警情情况划分为过冷、偏冷、稳定、偏热、过热五个区间，并赋予每个区间一个分值，分别为 1 分、2 分、3 分、4 分、5 分。

在确定好二手住房市场监测预警指标警情情况划分标准后，就应确定各个监测预警指标的界限，即划分二手住房监测预警指标警情过冷、偏冷、稳定、偏热、过热所对应的变化范围。目前，3σ 方法是普遍使用的较为科学的预警界限区间划分方法，例如，郭磊、王锋和刘长滨（2003）在分析单项预警指标时，采用了统计分析中3σ方法确定预警指标界限值；刘亚臣等（2009）也采用了3σ方法，但不是对单项指标运用，而是对三个一级指标运用该方法进行界限值判断。3σ方法又称拉依达准则，该方法是首先假设所要检测的数据只含有随机误差；其次，对数据进行计算处理得到检测数据的标准差；最后，按一定的概率确定一个监测区间，根据区间的范围来评判所要检测数据的情况。在具体使用3σ方法时，标准差的计算方法为：

$$\sigma = \sqrt{\frac{1}{n-1}\sum_{1}^{n}(x_i - \bar{x})^2} \tag{6-1}$$

其中，n 是样本数量；$\bar{x}$ 是样本平均值，σ 是样本的标准差。基于3σ方法确定区间的准则和该计算方法，根据监测分析的需要，判断是坚持多数原则、少数原则还是半数原则，最终确定预警指标界限值，例如过冷区间为$(-\infty, \bar{x}-\sigma)$；偏冷区间为$[\bar{x}-\sigma, \bar{x}-0.5\sigma)$；合理区间为$[\bar{x}-0.5\sigma, \bar{x}+0.5\sigma]$；偏热区间为$[\bar{x}+0.5\sigma, \bar{x}+\sigma]$；过热区间为$(\bar{x}+\sigma, +\infty)$。

本章在3σ方法准则和选择原则的基础上，结合深圳二手住房市场形势以及各个指标所反映的市场情况，确定各个指标预警警情区间。

首先，根据监测需要，利用SPSS19.0软件计算出各监测预警指标的均值和标准差（见表6-1）。

表6-1　　　　　二手住房监测预警指标描述性统计

变量	n	极小值	极大值	均值	标准差
新建住房价格增长率（*xfpp*）	11	-11.01	39.14	14.96	17.48
新建住房可售面积增长率（*ksmj*）	11	-51.80	68.65	3.27	37.63
人均消费支出增长率（*sjrjxfzc*）	11	-23.35	40.76	3.13	17.26

续表

变量	n	极小值	极大值	均值	标准差
财政支出增长率（sjczzc）	11	-5.32	61.81	22.09	21.50
房地产业增加值增长率（sjfdcy）	11	-27.21	31.20	12.35	16.89
居民存款增长率（sjjmck）	11	-5.03	22.15	9.85	8.95
住房开发投资增长率（sjzztz）	11	-7.02	23.54	10.80	11.85
二手住房成交面积增长率（erq）	11	-60.33	249.52	29.39	89.73
新建住房成交面积增长率（xfq）	11	-51.59	91.80	6.95	44.23
消费者价格指数（cpi）	11	-1.30	5.90	2.83	1.95
年末贷款余额增长率（sjdk）	11	4.81	33.33	12.68	7.53
利率水平（r）	11	5.52	7.58	6.51	0.61
新建住房竣工面积增长率（zzjgmj）	11	-39.26	37.15	-9.08	22.43
二手住房价格增长率（erpp）	11	-2.41	59.58	11.52	16.90
新建住房空置面积增长率（kzmj）	11	-47.51	179.47	18.03	67.44
住房用地出让面积增长率（zztdcr）	11	-40.98	77.27	2.96	37.93

其次，根据上述监测预警指标监测预警区间确定的标准，再结合各指标均值和标准差，最终确定各个指标的监测预警区间（见表6-2）。

表6-2 二手住房监测预警指标预警区间

变量	t	过小区间	偏小区间	合理区间	偏大区间	过大区间
新建住房价格增长率	xfpp	(-∞, -11.27)	(-11.27, -2.53)	(-2.53, 14.96)	(14.96, 23.7)	(23.7, +∞)
新建住房可售面积增长率	ksmj	(-∞, -34.36)	(-34.36, -15.55)	(-15.55, 22.08)	(22.08, 40.9)	(40.9, +∞)
人均消费支出增长率	sjrjxfzc	(-∞, -11.76)	(-11.76, 3.13)	(3.13, 11.76)	(11.76, 20.39)	(20.39, +∞)
财政支出增长率	sjczzc	(-∞, 0.59)	(0.59, 11.34)	(11.34, 32.84)	(32.84, 43.59)	(43.59, +∞)
房地产业增加值增长率	sjfdcy	(-∞, -4.54)	(-4.54, 3.91)	(3.91, 20.8)	(20.8, 29.24)	(29.24, +∞)
居民存款增长率	sjjmck	(-∞, 0.9)	(0.9, 5.38)	(5.38, 14.33)	(14.33, 18.81)	(18.81, +∞)
住房开发投资增长率	sjzztz	(-∞, -1.06)	(-1.06, 4.87)	(4.87, 16.72)	(16.72, 22.65)	(22.65, +∞)
二手住房成交面积增长率	erq	(-∞, -60.33)	(-60.33, -15.47)	(-15.47, 74.26)	(74.26, 119.12)	(119.12, +∞)
新建住房成交面积增长率	xfq	(-∞, -37.28)	(-37.28, -15.17)	(-15.17, 29.07)	(29.07, 51.18)	(51.18, +∞)
消费者价格指数	cpi	(-∞, 0.87)	(0.87, 1.85)	(1.85, 3.8)	(3.8, 4.78)	(4.78, +∞)
年末贷款余额增长率	sjdk	(-∞, 5.15)	(5.15, 8.91)	(8.91, 16.44)	(16.44, 20.2)	(20.2, +∞)
利率水平	r	(-∞, 5.90)	(5.9, 6.2)	(6.2, 6.82)	(6.82, 7.13)	(7.13, +∞)
新建住房竣工面积增长率	zzjgmj	(-∞, -31.5)	(-31.5, -20.29)	(-20.29, 2.14)	(2.14, 13.35)	(13.35, +∞)
二手住房价格增长率	erpp	(-∞, -5.38)	(-5.38, 6.45)	(6.45, 16.59)	(16.59, 28.42)	(28.42, +∞)
新建住房空置面积增长率	kzmj	(-∞, -22.44)	(-22.44, -2.2)	(-2.2, 38.26)	(38.26, 58.49)	(58.49, +∞)
住房用地出让面积增长率	zztdcr	(-∞, -34.97)	(-34.97, -16.01)	(-16.01, 21.92)	(21.92, 40.89)	(40.89, +∞)

第二节 基于主成分分析法的二手住房监测预警指标权重确定

在确定二手住房市场监测预警指标警情界限区间之后，要想对二手住房市场情况做一个系统的、科学的综合判断，则需要求出监测预警指标的权重，进而计算出综合监测预警警情情况。因此，本章第一步确定各个监测预警指标的权重。目前，对于监测预警指标权重的确定主要有两种方法，一是主观赋值法，该方法主要是邀请相关行业内的专家学者，根据监测指标对应的市场情况，基于指标的重要性等进行打分赋值，然后汇总得出相应的权重；二是客观分析法，该方法主要基于监测指标数据，并利用统计学方法，通过对监测指标进行计算得出，由于该方法是对现实数据的一种客观反映，更具有科学性和合理性，也是研究类似问题所普遍采用的方法。客观分析法主要包括聚类分析法、熵值赋权法和主成分分析法等，例如师应来和王平（2011）使用了聚类分析法，倪鹏飞等（2015）使用了熵值赋权法，李崇明和丁烈云（2005）采用系统核方法，余凯（2008）、吴淑莲和冯叶青（2012）、罗欣蟾（2015）等均使用了主成分分析法来确定指标的权重值。为此，本章基于主成分分析法来确定各个监测预警指标的权重，主成分分析法主要是利用降维的思想，把众多的指标信息转化成少数几个具有代表性的合成变量（即主成分），其中每个合成变量都能够反映原始指标的大部分信息。

一般而言，在主成分分析法中，对于研究对象为 n 个向量、p 个观测值而言，通常采用雅可比法计算出相关系数矩阵的特征根 λ_1, λ_2, $\cdots$, λ_n，并令特征根按照大小依次排列，由此，第 i 个主成分的方差贡献率 a_i 为：

$$a_i = \lambda_i \bigg/ \sum_{k=1}^{p} \lambda_k \tag{6-2}$$

第 i 个主成分的累计贡献率 A_i 为：

$$A_i = \sum_{i=1}^{k} a_i \tag{6-3}$$

第二步，选取主成分，一般来说，若前 k 个主成分累计贡献率 $\sum_{i=1}^{k} a_i$ 大于或等于 85%（或依据特征值大于 1 的标准来决定主成分个数），则 k 为所选取的主成分个数，主成分为：$F_{ti} = h_{i1}y_{t1} + h_{i2}y_{t2} + \cdots h_{in}y_{tn}(i = 1, 2, \cdots k; t = 1, 2 \cdots m)$

第三步，计算主成分的：综合得分 $F = (\lambda_1 F1 + \lambda_2 F2 + \cdots \lambda_k Fk)/(\lambda_1 + \lambda_2 + \cdots + \lambda_k) = \beta_1 Y_1 + \beta_2 Y_2 + \cdots + \beta_n Y_n$，其中，$\beta$ 为相应变量的权系数。取 β 的绝对值计算，可得：

$$w_i = \beta_i \bigg/ \sum_{i=1}^{n} \beta_i \tag{6-4}$$

由式（6-4）可计算出对应监测指标的实际权重。此外，为增强主成分分析检验结果的稳健性、合理性，有必要在分析前进行相关检验。目前，关于主成分分析法稳健性检验的方法包括 KMO 法（Kaiser-Meyer-Olkin，抽样充分性测度）、负偏相关系数矩阵法、SMC 法（复相关系数平方）、公因子方差等，本章结合复相关系数平方和公因子方差判断主成分分析是否合适。

首先，利用 SPSS19.0 软件对相关数据变量进行主成分分析，求出相关系数矩阵、公因子方差（见表 6-3）。可以看出，各个变量的公因子方差均较高，多数在 0.9 以上，这说明公因子的贡献率较高，对初始数据具有较高的代表性和解释性，且共同度高，整体效果较好。

表 6-3　　　　　　　　　解释的总方差及贡献率

公因子方差		
变量	初始值	提取值
xfpp	1.000	0.941
ksmj	1.000	0.846
sjrjxfzc	1.000	0.866

续表

<table>
<tr><th colspan="3">公因子方差</th></tr>
<tr><th>变量</th><th>初始值</th><th>提取值</th></tr>
<tr><td>sjczzc</td><td>1.000</td><td>0.920</td></tr>
<tr><td>sjfdcy</td><td>1.000</td><td>0.905</td></tr>
<tr><td>sjjmck</td><td>1.000</td><td>0.933</td></tr>
<tr><td>sjzztz</td><td>1.000</td><td>0.857</td></tr>
<tr><td>erq</td><td>1.000</td><td>0.956</td></tr>
<tr><td>xfq</td><td>1.000</td><td>0.943</td></tr>
<tr><td>cpi</td><td>1.000</td><td>0.977</td></tr>
<tr><td>sjdk</td><td>1.000</td><td>0.883</td></tr>
<tr><td>r</td><td>1.000</td><td>0.937</td></tr>
<tr><td>zzjgmj</td><td>1.000</td><td>0.785</td></tr>
<tr><td>erpp</td><td>1.000</td><td>0.872</td></tr>
<tr><td>kzmj</td><td>1.000</td><td>0.990</td></tr>
<tr><td>zztdcr</td><td>1.000</td><td>0.978</td></tr>
</table>

提取方法：主成分分析，当提取值大于0.9时，就说明贡献率高

其次，需要计算出主成分的初始特征值、方差贡献率和累计贡献率等，通过SPSS19.0计算得出（见表6-4）。可以看出，主成分的特征值大于1的有6个，且这六个特征值方差累计贡献率约达91.2%，符合主成分分析大于85%的要求。因此，本章选择六个主成分F1、F2、F3、F4、F5、F6来反映原指标的信息，其中主成分的特征值分别为5.57、2.56、2.12、1.92、1.27、1.16。

表6-4　　　　　　特征值、解释的总方差及贡献率　　　　　　单位：%

成分	初始特征值			提取平方和载入		
	合计	方差贡献率	累积贡献率	合计	方差贡献率	累积贡献率
1	5.570	34.809	34.809	5.570	34.809	34.809
2	2.559	15.994	50.804	2.559	15.994	50.804
3	2.118	13.235	64.038	2.118	13.235	64.038
4	1.920	12.002	76.040	1.920	12.002	76.040

续表

成分	初始特征值			提取平方和载入		
	合计	方差贡献率	累积贡献率	合计	方差贡献率	累积贡献率
5	1.266	7.911	83.951	1.266	7.911	83.951
6	1.158	7.235	91.187	1.158	7.235	91.187
7	0.786	4.911	96.098			
8	0.316	1.977	98.075			
9	0.166	1.035	99.110			
10	0.142	0.890	100.000			
11	3.396E-16	2.122E-15	100.000			
12	1.619E-16	1.012E-15	100.000			
13	4.196E-17	2.623E-16	100.000			
14	-8.629E-18	-5.393E-17	100.000			
15	-9.975E-17	-6.235E-16	100.000			
16	-1.519E-16	-9.496E-16	100.000			

提取方法：主成分分析

再次，利用主因子分解法，对结果进行因子旋转，得到主成分因子载荷矩阵（见表6-5）。可以看出，第一个因子中，新建住房价格增长率、新建住房可售面积增长率、二手住房成交面积增长率、新建住房成交面积增长率、年末贷款余额增长率、利率水平、新建住房竣工面积增长率、新建住房空置面积增长率等变量，都具有较大的正载荷。此外，表6-5中的主成分载荷矩阵并不是各个主成分的特征向量，即不是主成分 F1、F2、F3、F4、F5、F6 的系数。各个主成分变量的系数计算需要利用各自主成分的特征向量与各自对应主成分特征值的平方根的比值。由表6-4中数据可计算出六个主成分的特征值的平方根分别为 2.36、1.60、1.45、1.39、1.12、1.08，再结合主成分载荷矩阵的特征向量，得出：

$$\begin{bmatrix} F_1 \\ \vdots \\ F_6 \end{bmatrix} = \begin{bmatrix} 0.646/2.36 & \cdots & -2.17/2.36 \\ \vdots & \ddots & \vdots \\ -0.416/1.08 & \cdots & -0.041/1.08 \end{bmatrix} \begin{matrix} xfpp \\ \vdots \\ zztdcr \end{matrix} \qquad (6-5)$$

由式（6-5）可计算得出主成分变量对应的权系数（见表6-6）。由此可得：

$$\begin{bmatrix} F_1 \\ \vdots \\ F_6 \end{bmatrix} = \begin{bmatrix} 0.274 & \cdots & -0.386 \\ \vdots & \ddots & \vdots \\ -0.092 & \cdots & -0.039 \end{bmatrix} \begin{matrix} xfpp \\ \vdots \\ zztdcr \end{matrix} \tag{6-6}$$

表 6-5　　　　　　　　　因子载荷矩阵

	成分					
	1	2	3	4	5	6
xfpp	0.646	-0.319	0.216	-0.444	0.073	-0.416
ksmj	-0.559	0.210	0.454	0.526	0.006	-0.077
sjrjxfzc	0.476	-0.021	0.736	-0.035	0.309	-0.020
sjczzc	0.393	-0.471	0.242	-0.236	-0.336	0.563
sjfdcy	0.478	0.768	-0.047	-0.189	0.213	-0.064
sjjmck	-0.121	-0.297	-0.671	0.579	-0.179	-0.117
sjzztz	-0.081	0.700	0.101	-0.511	-0.299	-0.003
erq	0.911	0.145	-0.106	0.241	0.135	0.134
xfq	0.641	0.396	0.029	0.429	-0.084	0.427
cpi	-0.845	-0.221	0.173	-0.235	0.306	0.186
sjdk	0.829	0.062	-0.024	0.385	0.207	0.020
r	-0.742	-0.102	0.232	0.326	0.444	-0.139
zzjgmj	-0.652	0.149	0.130	0.032	-0.562	-0.067
erpp	-0.275	0.724	0.365	0.304	-0.178	-0.122
kzmj	-0.684	0.196	-0.087	-0.109	0.312	0.606
zztdcr	-0.217	0.445	-0.740	-0.316	0.288	-0.041

提取方法：主成分

a. 已提取了6个成分

最后，以各主成分的方差贡献率为权重，即用各个主成分的特征值分别除以六个主成分特征值的和，可得六个主成分的权重分别为0.382、0.175、0.145、0.132、0.087、0.079，再结合式6.6可得综

第六章 深圳二手住房监测预警系统综合评价分析

合因子得分，即：

$$F = \begin{bmatrix} 0.382 & \cdots & 0.079 \end{bmatrix} \begin{bmatrix} F_1 \\ \vdots \\ F_6 \end{bmatrix} = \begin{bmatrix} 0.382 & \cdots & 0.079 \end{bmatrix} \begin{bmatrix} 0.274 & \cdots & -0.386 \\ \vdots & \ddots & \vdots \\ -0.092 & \cdots & -0.039 \end{bmatrix} \begin{matrix} xfpp \\ \vdots \\ zztdcr \end{matrix} \quad (6-7)$$

通过上述方式计算得到的各监测预警指标的综合得分权系数如表 6-6 中的 F 项所示，再结合前文中的式（6-4）可计算得到各监测预警指标的权重（见表 6-6）。

表 6-6 各指标的权重确定

	F1 权系数	F2 权系数	F3 权系数	F4 权系数	F5 权系数	F6 权系数	F 权系数	权重 总	权重 先	权重 同	权重 滞
xfpp	0.274	-0.199	0.149	-0.320	0.065	-0.386	0.024	0.015	0.050		
ksmj	-0.237	0.131	0.312	0.380	0.005	-0.072	0.023	0.014	0.047		
sjrjxfzc	0.202	-0.013	0.506	-0.025	0.275	-0.018	0.167	0.106	0.347		
sjczzc	0.166	-0.294	0.166	-0.170	-0.298	0.523	0.029	0.019	0.061		
sjfdcy	0.202	0.480	-0.033	-0.136	0.189	-0.060	0.150	0.095	0.312		
sjjmck	-0.051	-0.185	-0.461	0.418	-0.159	-0.108	-0.086	0.055	0.179		
sjzztz	-0.034	0.437	0.069	-0.369	-0.266	-0.003	0.002	0.001	0.004		
erq	0.386	0.091	-0.073	0.174	0.120	0.124	0.196	0.124		0.216	
xfq	0.272	0.248	0.020	0.310	-0.075	0.397	0.216	0.137		0.238	
cpi	-0.358	-0.138	0.119	-0.170	-0.272	0.173	-0.129	0.082		0.142	
sjdk	0.351	0.038	-0.016	0.278	0.184	0.019	0.192	0.122		0.212	
r	-0.314	-0.064	0.159	0.235	0.394	-0.129	-0.053	0.034		0.059	
zzjgmj	-0.276	0.093	0.089	0.023	-0.499	-0.062	-0.121	0.077		0.134	
erpp	-0.116	0.452	0.251	0.220	-0.158	-0.114	0.077	0.049			0.413
kzmj	-0.290	0.123	-0.060	-0.079	0.277	0.564	-0.039	0.025			0.209
zztdcr	-0.092	0.278	-0.509	-0.228	0.256	-0.039	-0.071	0.045			0.378

第三节　监测指标的警情分析

确定监测预警指标的界限值和权重后，就可以对指标进行警情分析了。监测预警指标的警情分析又分为单一指标警情分析和综合监测预警分析，单一监测指标分析有利于区别各指标所反映的市场情况，并找出影响市场重大波动的源头；综合监测预警有利于整体分析判断二手住房市场情况的波动，并对未来市场情况做出一定的预判。

一　监测预警指标的警情确定和赋值情况

根据前文确定监测预警指标界限值和警情赋值标准，可对所要研究的各个监测预警指标年度警情情况进行赋值，并依据前文计算得出的各个监测预警指标的权重，计算得到先行指标、同步指标和综合监测预警警情情况得分（见表6-7）。

表6-7　　　　各个监测预警指标赋值和综合得分情况

变量	2005年	2006年	2007年	2008年	2009年	2010年	2011年	2012年	2013年	2014年	2015年
xfpp	4	5	5	2	4	5	2	2	4	3	5
ksmj	4	3	2	1	4	5	4	1	3	3	4
sjrjxfzc	3	1	5	1	3	2	2	3	3	2	3
sjczzc	5	1	3	3	3	3	3	1	2	3	5
sjfdcy	3	4	3	1	5	2	5	4	3	3	4
sjjmck	1	3	5	1	4	3	4	3	3	3	5
sjzztz	2	4	2	1	1	2	4	4	5	4	4
erq	3	3	3	1	5	2	2	3	4	2	5
xfq	3	2	2	5	1	3	4	3	3	5
cpi	4	3	2	1	5	3	3	3	3	3	3
sjdk	3	2	4	1	5	3	2	3	3	3	3
r	4	3	1	1	4	4	2	3	3	3	5

续表

变量	2005年	2006年	2007年	2008年	2009年	2010年	2011年	2012年	2013年	2014年	2015年
zzjgmj	3	4	2	3	1	3	3	5	1	5	2
erpp	3	3	4	2	2	2	4	5	3	3	2
kzmj	5	5	4	1	5	4	1	3	3	4	3
zztdcr	4	1	5	3	3	3	1	3	3	3	4
综合警情得分	3.39	2.66	3.04	1.70	4.08	2.47	2.50	3.40	2.97	2.71	3.47
先行指标得分	3.57	2.60	3.38	1.89	3.89	2.53	3.10	3.05	3.00	2.31	2.87
同步指标得分	3.20	2.68	2.58	1.51	4.41	2.37	2.23	3.51	2.95	2.81	3.89
滞后指标得分	3.80	2.66	4.38	2.17	3.01	2.80	2.24	3.83	3.00	3.21	2.97

依据所要研究的各个监测预警指标得分情况以及先行指标、同步指标和综合监测预警得分情况，并结合指标所反映的市场警情情况评判标准，对各个监测预警指标所反映的市场冷热情况做出判断，具体结果如表6-8所示。对先行指标、同步指标、综合监测预警警情进行判断，按照5×80%、5×70%、5×50%、5×40%分别作为监测预警警情过热、偏热、合理、偏冷、过冷的界限值，即过热区间[4，5]、偏热区间[3.5，4)、合理区间[2.5，3.5)、偏冷区间[2，2.5)、过冷区间[1，2)，依此确定先行指标、同步指标、综合监测预警的警情情况，具体结果如表6-8所示。

表6-8　　　各个监测预警指标警情判断和综合判断情况

变量	2005年	2006年	2007年	2008年	2009年	2010年	2011年	2012年	2013年	2014年	2015年
xfpp	偏热	过热	过热	偏冷	偏热	过热	偏热	偏冷	偏热	合理	过热
ksmj	偏热	合理	偏冷	过冷	过热	偏热	过热	偏热	合理	合理	合理
sjrjxfzc	合理	过冷	过冷	过冷	合理	偏冷	偏冷	合理	合理	过冷	合理
sjczzc	过热	过冷	合理	合理	合理	合理	合理	偏冷	合理	合理	过热
sjfdcy	合理	偏热	合理	过冷	合理	过冷	过热	偏热	合理	合理	合理
sjjmck	过热	合理	过冷	过热	偏热	合理	偏冷	合理	合理	合理	过冷

续表

变量	2005年	2006年	2007年	2008年	2009年	2010年	2011年	2012年	2013年	2014年	2015年
sjzztz	偏冷	偏热	偏冷	过冷	过冷	偏冷	偏热	偏热	过热	偏热	偏热
erq	合理	合理	合理	过冷	过热	偏冷	偏冷	合理	偏热	偏冷	过热
xfq	合理	偏冷	偏冷	偏冷	过冷	过冷	合理	偏热	合理	偏冷	过热
cpi	偏热	合理	偏热	过冷	过热	合理	过冷	合理	合理	合理	合理
sjdk	合理	偏冷	偏热	合理	合理	合理	偏冷	合理	合理	合理	合理
r	偏热	合理	过冷	过冷	偏热	偏热	合理	合理	合理	合理	过热
zzjgmj	合理	偏热	偏冷	合理	过冷	合理	合理	过热	过冷	过热	偏冷
erpp	合理	偏热	偏冷	偏冷	偏冷	偏冷	偏冷	偏热	偏冷	偏冷	偏冷
kzmj	过热	过热	偏冷	合理	偏冷	偏冷	偏冷	偏冷	偏冷	偏冷	合理
zztdcr	偏热	过冷	过冷	合理	合理	合理	过冷	合理	合理	合理	偏冷
综合警情情况	偏热	合理	偏热	过冷	合理	合理	合理	合理	合理	合理	偏热
先行指标情况	偏热	合理	偏热	偏冷	偏冷	偏冷	偏热	偏热	偏热	合理	合理
同步指标情况	偏热	合理	合理	过冷	合理	合理	合理	合理	合理	合理	偏热
滞后指标情况	偏热	合理	过冷	合理	合理	偏热	合理	偏热	合理	偏热	合理

二 单一监测指标的警情分析

（一）先行指标警情情况

1. 新建商品住房价格增长率警情情况

图6-1中从上至下四条横线表示商品住宅价格增长率过大区间下限、合理区间上限、合理区间下限、过小区间上限的界限值，反映了市场行情过热、偏热、合理、偏冷、过冷的临界点。从图中可以看出，一是新建住房价格增长率曲线波动较大；二是从警情角度看，也反映了房地产市场多数年份处于不正常状态，在分析的11个年份中有6个年份处于偏热或过热状态，仅2008年、2011年、2012年处于偏冷情况，仅2014年处于合理状态；三是从2012—2015年的情况看，新建住房价格增长率整体呈扩大态势；四是表明深圳房地产市场发展是不正常的，价格上涨较快。分析认为，一是房价年度涨幅普遍较高，一方面由于深圳乃至全国的房地产市场均处于上升期，在城镇化不断推进和货币供给快速增长的背景下，从而出现了住房价格过快上涨；另一方面由于深圳作为全国四大一线

城市之一，城市基础设施、经济发展、收入水平等也普遍较高，从而造成房价上涨。二是就具体情况来看，2008年房地产市场偏冷主要是由于受美国次贷危机引起的国际金融危机影响，造成了房地产从市场过热、直接下降至市场偏冷，价格下降；2009年和2010年市场偏热、过热，主要是受国际金融危机后国家宽松的财政政策和货币政策影响，市场对未来预期看好，造成房地产市场快速转热；在市场普遍转热的情况下，国务院于2011年颁布了新"国八条"，以限购、限贷、限价等为核心的行政干预普遍实施，且在该年度人民银行采取了不断收紧的房地产信贷政策，总共采取了3次加息和6次上调存款准备金率，信贷政策日益收紧，从而造成了2011年房地产市场偏冷；深圳是市场反应较快的城市，在全国房地产下行和去库存压力下，货币政策不断宽松，包括利率在内的对房地产支持也越来越大，从而造成了深圳房价在2014年年底反弹，并于2015年开始不断上涨，拉开了房价上涨和楼市走热的序幕。

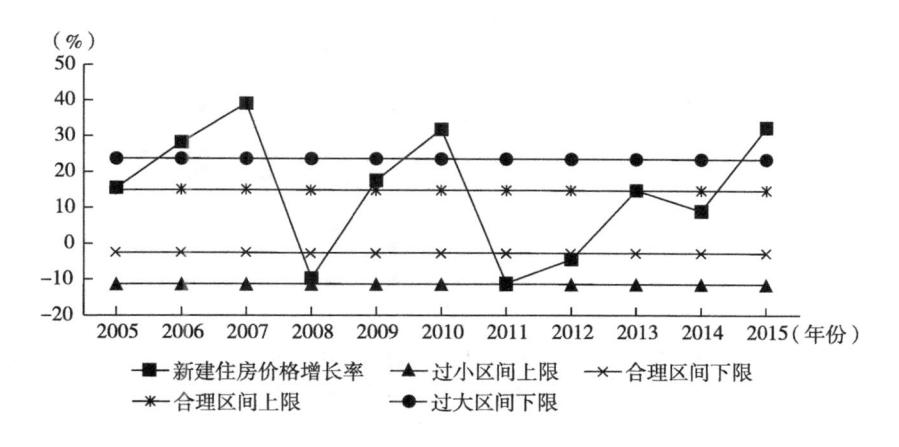

图 6-1　新建住房价格增长警情情况

2. 新建住房可售面积增长率警情情况

新建住房可售面积反映了市场的供给情况，当增长率较高时，说明市场供给增长较快、库存充足，从另一侧面也表明当前市场需求不足，房地产市场下行；当增长率较低时，说明市场供给较小，市场有库存不足风险，也表明了市场上行，需求旺盛。此外，可售面积增长较大，说明新建住房供给相对充足，可选择性较大，从而也会造成市场对二手住房的需求较小。图6-2中从上至下四条横线表示新建住房可售面积增长率过大区间下限、合理区间上限、合理区间下限、过小区间上限的界限值，反映了市场行情过冷、偏冷、合理、偏热、过热的临界点。可以看出，可售面积增长率曲线波动较大，但也具有较明显的周期性，2005—2008年反映了市场从偏热向过冷的趋势状态；随后又受国际金融危机后国家宽松的财政和货币政策影响，市场走热、增幅下降；在2011年"国八条"和央行加息、加存款准备金率的影响下，市场趋冷、增幅开始回升；在全国房地产市场下行和库存压力过大的背景下，国家房地产市场政策逐步走向宽松，楼市开始由稳定走向趋热。预计未来可售面积增长率仍将处于较低状态，市场仍将过热。

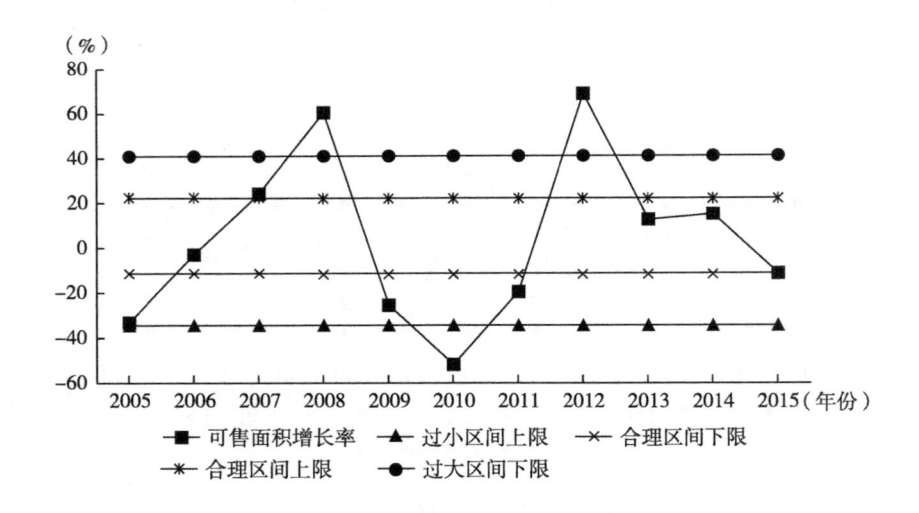

图6-2 新建住房可售面积增长警情情况

3. 人均消费支出增长率警情情况

人均消费支出反映了居民的可支付情况和购买能力，当居民消费支出得到提高时，则其对应的消费品质和对生活的改善愿望都会增加，这也包括对住房的购买需求以及住房改善愿望。因此，消费支出的稳步提升会促进对二手住房的购买需求；加之二手住房的过滤效应，会进一步加大对二手住房的需求。图6-3中从上至下四条横线表示人均消费支出增长率过大区间下限、合理区间上限、合理区间下限、过小区间上限的界限值，反映了市场行情过热、偏热、合理、偏冷、过冷的临界点。可以看出，一是存在2006年、2007年、2008年三个异常年份，下降和增长波动较大；二是其他年份总体上较为平稳，多数年份处于合理状态；三是整体上来说，深圳人均居民消费支出增长率仍然较低，并没有跟上经济发展的步伐。

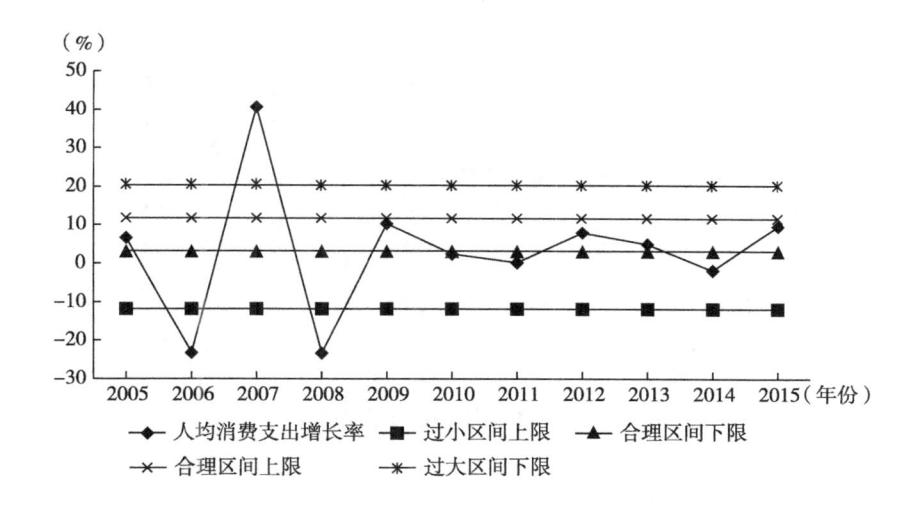

图6-3 人均消费支出增长警情情况

4. 财政支出增长率警情情况

财政支出增长的波动，一方面反映了城市经济发展的变动情况，另一方面也反映了政府对城市基础设施、环境、学校、公园等的投入情况。通常来说，财政支出增长越快，表明政府越有财力用于基础设施、学校、公园等城市环境、配套设施的改善和建设，而城市环境和配套设施越好，越有利于吸引高素质人口、外来产业流入，进而又会增加对包括二手住房在内的住房购买需求。图6-4中从上至下四条横线表示财政支出增长率过大区间下限、合理区间上限、合理区间下限、过小区间上限的界限值，反映了市场行情过热、偏热、合理、偏冷、过冷的临界点。可以看出，一是整体上看，深圳财政支出增长率处于较高水平，且多数年份处在稳定区间；二是从 2012—2015 年的数据情况看，也基本反映了房地产市场冷热情况，财政支出增长的高低对应了楼市的冷热情况，这也进一步说明了居民对市场的判断受政府的影响在增强，同时购房也会考虑基础设施、学校配套等相应的因素。

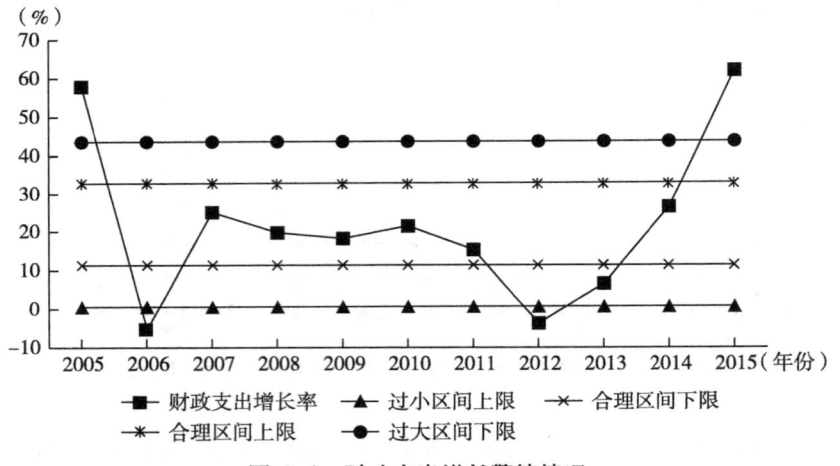

图 6-4　财政支出增长警情情况

5. 房地产业增加值增长率警情情况

房地产业增加值增长情况直接反映了当前房地产市场冷热情况，并进一步作用于二手住房市场。通常来说，当房地产业增加值增长较快时，表明房地产市场较热，会增强对房地产市场的上涨预期，会带动更多人购房，并进一步促进对二手住房的购买需求。图 6-5 中从上至下四条横线表示房地产业增加值增长率过大区间下限、合理区间上限、合理区间下限、过小区间上限的界限值，反映了市场行情过热、偏热、合理、偏冷、过冷的临界点。可以看出，房地产业增加值增长率波动较大，具有一定的周期性，整体上也反映了房地产市场的冷热情况。此外，从 2013—2015 年的情况看，房地产市场整体处在一个合理水平，2015年房地产业增加值增长率刚处于偏热区间，未来仍将呈上升态势，市场处于偏热或过热状态。

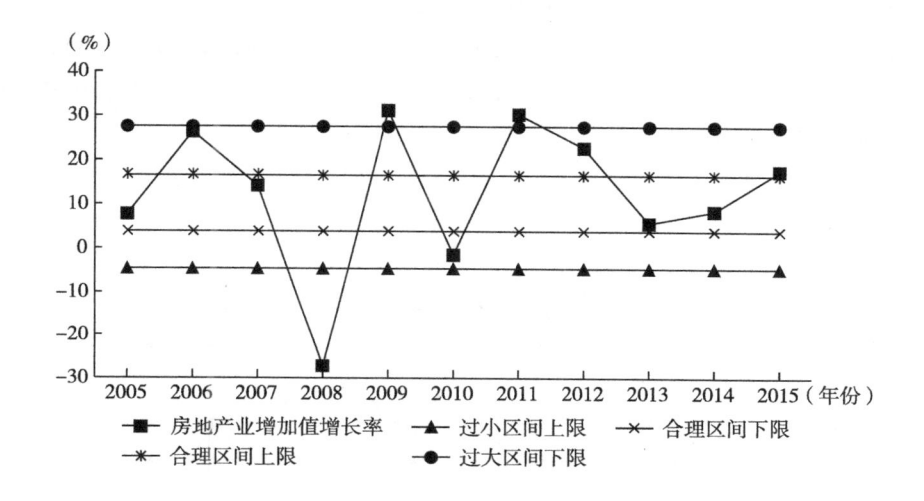

图6-5 房地产业发展增长警情情况

6. 居民存款增长率警情情况

居民存款增长情况的变化，一方面反映了居民未来的支付能力，另一方面也反映了居民当前的支出消费偏好。通常来说，当居民存款增长较快时，说明居民未来具有较强的支付能力，在消费支出上更偏向于未来，而住房作为高价格的耐用品、投资品，也进一步反映了居民当前对购房的需求较低，且更倾向于存款，以备未来进行购买支付，进而表明当前房地产市场处于较冷或过冷期；反之，当居民存款增长较慢甚至下降时，则表明当前房地产市场较热或过热。图6-6中从上至下四条横线表示居民存款增长率过大区间下限、合理区间上限、合理区间下限、过小区间上限的界限值，反映了市场行情过冷、偏冷、合理、偏热、过热的临界点。可以看出，一是2008年受国际金融危机影响，居民对未来的判断较为悲观，对消费趋于谨慎，从而造成该年度居民存款增长率过高，处于过大区间，也进一步反映了该年度房地产市场过冷。二是从2009—2015年的情况看，一方面居民存款增长率整体上呈下降趋势，分析认为房价长期处于高位，造成买房需要付出家庭的更多乃至全部的积蓄，并且还要背负高额的还贷压力，从而造成了居民存款增长较低；另一方面，居民存款下降幅度也有差异，而这种年度差异情况反映了房地产市场的冷热情况，例如2015年居民存款快速下降，并进入过小区间，对应了2015年房地产市场过热的情况。

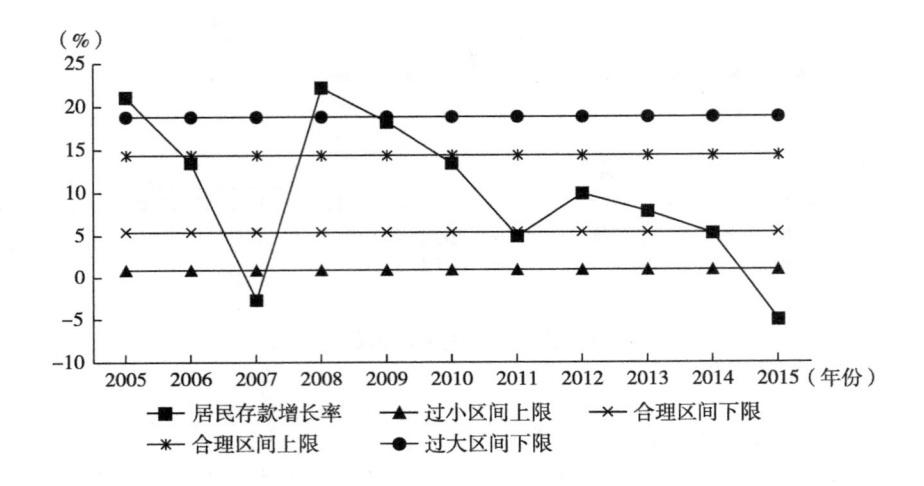

图 6-6　居民存款增长警情情况

7. 住房开发投资增长率警情情况

住房开发投资增长情况表明了开发商对当前房地产市场以及未来市场的判断，当认为目前和未来市场较好时，会增加住房开发投资，反之住房开发投资会降低或保持平稳。图 6-7 中从上至下四条横线表示住房开发投资增长率过大区间下限、合理区间上限、合理区间下限、过小区间上限的界限值，反映了市场行情过热、偏热、合理、偏冷、过冷的临界点。可以看出，一是 2008 年住房开发投资处于近年来的最低点，而当年恰好受国际金融危机影响，市场普遍处于悲观状态，包括二手住房在内的住房市场普遍过冷；二是从 2011—2015 年的情况看，住房开发投资增长率长期处于较高水平，投资处于过热期，分析认为这一方面由于深圳整体经济发展较好，且是全国四大一线城市之一，拥有华为、腾讯等大量创新科技企业，加之全国正处在城镇化的上升期，从而增强了开发商对深圳楼市的预期；另一方面，由于深圳住房价格处于高位，加之劳动工资、土地价格、原材料等成本上升，也造成了投资的增加。总体来说，开发商对深圳未来楼市的预期是正确的，在2014年年底拉开了深圳乃至全国楼市上涨、走热的序幕。

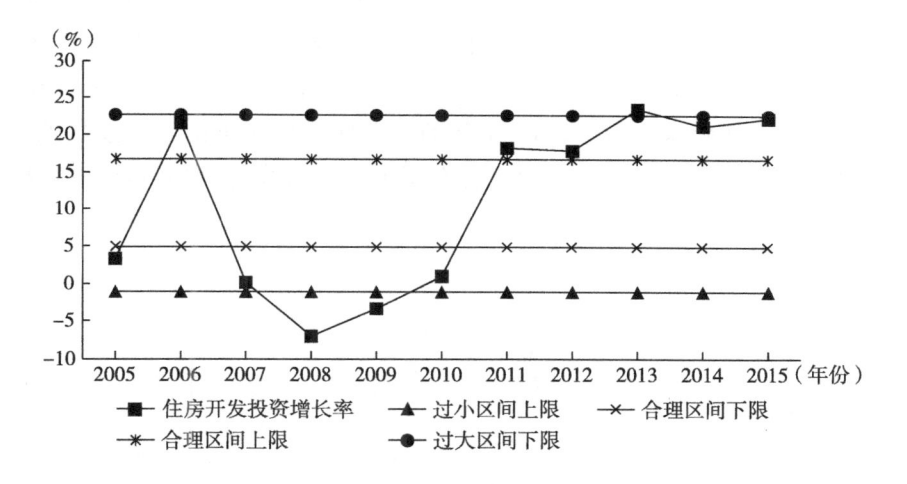

图 6-7 住房开发投资增长警情情况

（二）同步指标警情情况

1. 二手住房成交面积增长率警情情况

二手住房销售面积增长情况，直接反映了二手住房市场的活跃程度，当增长较快时，表明市场较热、活跃度高；反之，表明二手住房市场较冷、活跃度较低。图 6-8 中从上至下四条横线表示二手住房成交面积增长率过大区间下限、合理区间上限、合理区间下限、过小区间上限的界限值，反映了市场行情过热、偏热、合理、偏冷、过冷的临界点。可以看出，一是深圳市二手住房成交面积增长率波动较大，个别年份增幅高达100%乃至200%，且整体增幅较高，年平均增幅高达29%，这也造成了本章对二手住房市场冷热情况不易确定评判标准。二是2009年增幅高达249%，主要是由于2008年受国际金融危机影响成交量大幅下滑，加之随后国家采取扩张的财政政策和宽松的货币政策，快速稳定并强化了市场预期，造成2009年二手住房成交量大幅增长，随后2010年增幅虽然转为下降，但成交量仍然高位波动。三是受2011年国务院出台的"国八条"和央行加息、加存款准备金影响，楼市开始迅速降温，在2011年、2012年二手住房成交量继续下滑，二手住房市场处于偏冷期。四是在经历了两年的市场偏冷后，在2013年二手住房市场成交量出现反弹，增长幅度大有进入偏大区间的趋势，但随后受全国库存压力过大等影响，于2014年二手住房市场再次转为偏冷。五是受全国去库存和宽松货币政策影响，房贷利率降至历年来最低，2015年深圳二手住房市场再次进入过热期，预计未来二手住房市场活跃程度会有所下降，但成交量仍将处在较高水平。

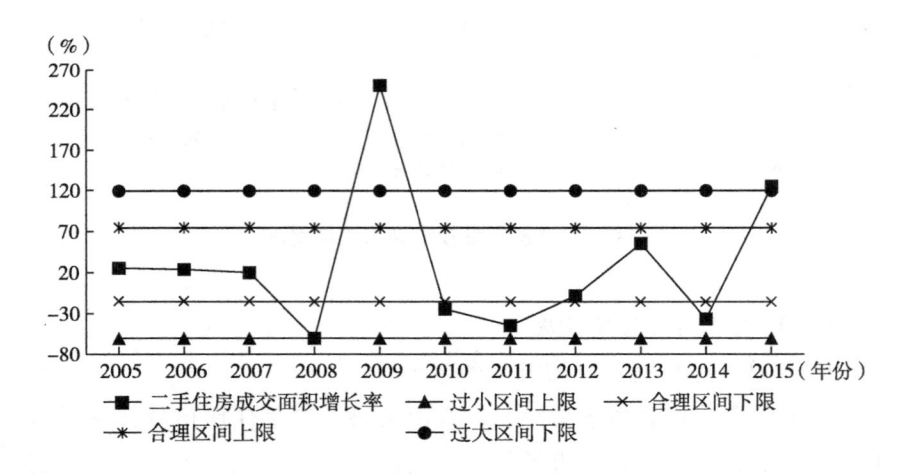

图6-8 二手住房成交面积增长警情情况

2. 新建住房成交面积增长率警情情况

从住房市场整体冷热情况看，新建住房成交量的增加，表明市场需求旺盛，相应的二手住房成交量也会增加，新建住房和二手住房市场呈相互影响、相互带动态势。图6-9中从上至下四条横线表示商品住宅价格增长率过大区间下限、合理区间上限、合理区间下限、过小区间上限的界限值，反映了市场行情过热、偏热、合理、偏冷、过冷的临界点。可以看出，新建住房成交量增长波动趋势同二手住房具有相似性，例如都在 2009 年、2015 年出现市场过热情况，但在其他年份增长趋势或有相同，但所反映的市场冷热情况不尽相同，例如在 2012 年新建住房市场偏热，而二手住房市场则相对偏冷，这也进一步反映了新建住房市场对二手住房市场的影响。总体来说，鉴于住房市场需求的一致性，在新建住房和二手住房价格相对不变的情况下，新建住房和二手住房需求的增减具有一致性；反之，在新建住房价格涨幅大于二手住房时，二手住房需求的增加会相对高于新建住房，图 6-9 和图 6-8 也说明了这一情况。

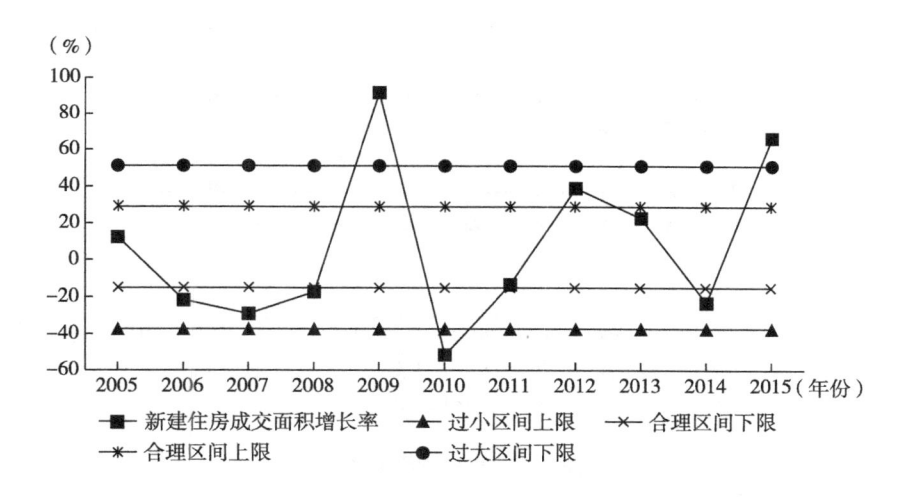

图 6-9　新建住房成交面积增长警情情况

3. 消费者价格指数警情情况

消费者价格指数反映了市场物价水平变动情况。通常来说，消费者价格指数过高时，人们基于保值增值的需求，会倾向于减少储蓄、现金持有等，而加大对住房等的购买需求；反之则会降低对住房的需求。图 6-10 中从上至下四条横线表示消费者价格指数的过大区间下限、合理区间上限、合理区间下限、过小区间上限的界限值，反映了市场行情过冷、偏冷、合理、偏热、过热的临界点。可以看出，一是除个别年份波动较大外，其余年份相对较为平稳。二是深圳消费者价格指数情况与通常情况下对应的住房需求情况不一致，例如在2008年、2011年消费者价格指数较高，但该年度二手住房需求较小，市场处于过冷期；2009年消费者价格指数较低，但该年度二手住房市场处于过热期。分析认为，主要是由于我国在货币超发和房地产上升期的背景下，一旦包括二手住房在内的住房市场趋冷，就会造成消费市场上的货币较多，进而带动物价水平的上升；反之，会造成物价水平的下降。三是在整体物价水平较为稳定的情况下，则消费者价格指数对二手住房需求的影响较小。

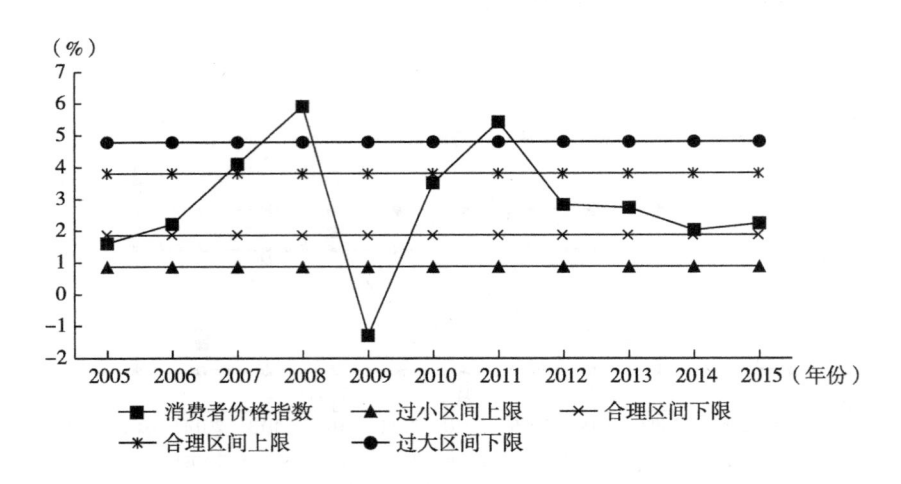

图 6-10 消费者价格指数警情情况

4. 年末贷款余额增长率警情情况

在房价普遍较高的今天，多数购房者无法承担全额现金付款，不得不贷款购房。因此，年末贷款余额增长情况也就从某种程度上反映了房地产市场冷热情况，通常情况下，贷款增长较快，则表明房地产市场过热，对二手住房需求旺盛。图 6-11 中从上至下四条横线表示年末贷款余额增长率过大区间下限、合理区间上限、合理区间下限、过小区间上限的界限值，反映了市场行情过热、偏热、合理、偏冷、过冷的临界点。可以看出，一是2010年之前年末贷款余额增长率波动较大，在2011年后则呈现稳步上升态势。二是整体来说，年末贷款余额增长率波动反映了二手住房市场的冷热情况，例如2008年年末贷款余额增长率过低，而相应的二手住房市场过冷；2009年年末贷款余额增长率过高，而相应的二手住房市场过热；2015年虽然年末贷款余额增长率处在合理区间，但是在历经几年持续且涨幅扩大的态势下，贷款额本身就已经很高了，在这种情况下，市场实际上是过热的。从趋势上看，结合当前房地产市场情况，预计未来年末贷款余额增长率会继续扩大。

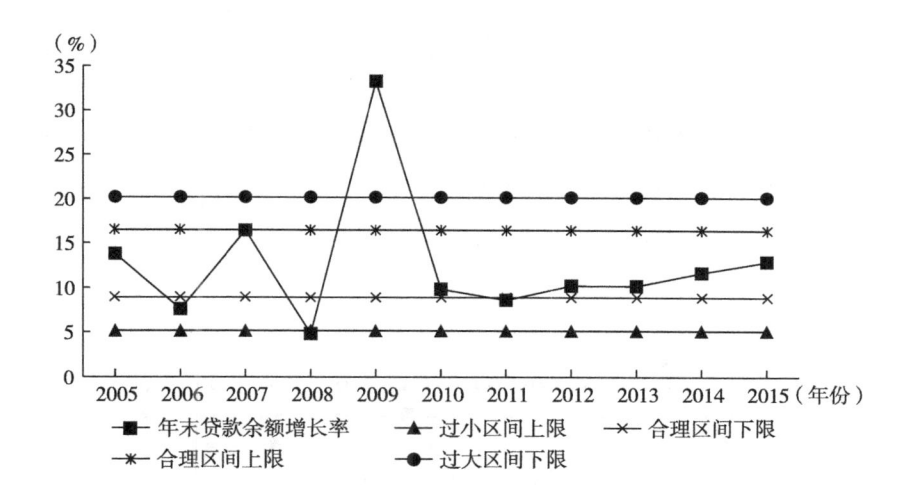

图 6-11　年末贷款余额增长警情情况

5. 利率水平警情情况

利率是资金的成本，是购房者贷款所要支付的借贷成本。因此，利率的高低会影响购房者是借贷购房，还是直接放弃购房。通常情况下，利率过高时，购房者借贷购房需要支付高额的成本，加之在房价过高的背景下购房者也很难全款现金付款，从而造成购房者放弃购房，降低了对二手住房的需求。图6-12中从上至下四条横线表示利率的过大区间下限、合理区间上限、合理区间下限、过小区间上限的界限值，反映了市场行情过冷、偏冷、合理、偏热、过热的临界点。可以看出，一是整体上利率水平波动较大，在2008年之前利率呈上升趋势，而在2011年后呈下降趋势。二是利率水平波动整体上反映了二手住房市场的冷热情况，如2008年前伴随利率水平的上升，实际上是在收紧信贷，抑制房价上涨，即便不出现国际金融危机，二手住房成交量也会下降，市场走冷，毕竟国际金融危机也是在2008年后期开始的；反倒是因国际金融危机影响，国家为稳定经济增长，采取了宽松的货币政策，大幅降低利率，刺激了二手住房市场快速反弹，从而造成了2009年、2010年的市场过热情况；住房市场过热后，必然又是管控市场，开始收紧信贷，并于2011年大幅提高了利率水平，二手住房市场也进入了偏冷期；随后三年利率又是稳中有降，并在全国去库存、稳增长背景下，于2015年利率大幅下降至历史最低水平，当然也再次让二手住房市场变得火爆起来；预计未来利率水平会是稳中有升，但仍会是较低水平。

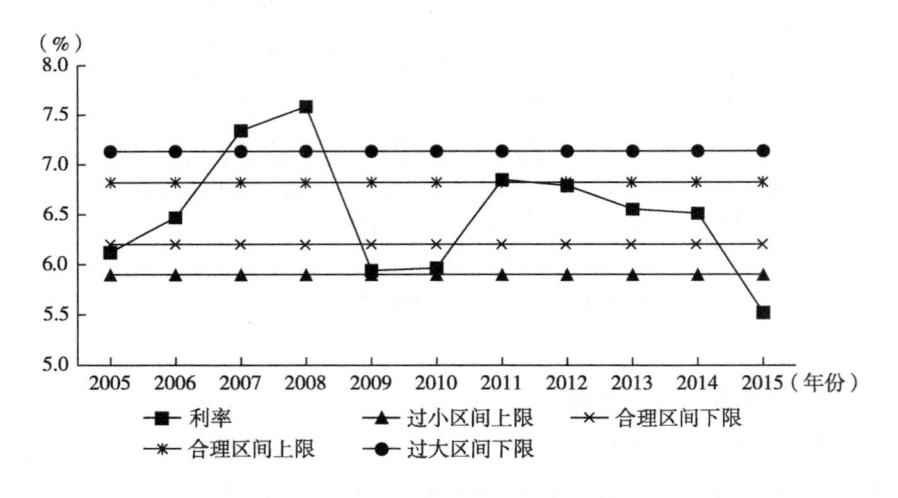

图 6-12 利率水平警情情况

6. 新建住房竣工面积增长率警情情况

新建住房竣工面积增长情况反映了开发商对当前和未来的楼市的预判。通常情况下，我们认为，新建住房市场越热，开发商越会加快

第六章 深圳二手住房监测预警系统综合评价分析

住房建设进程，尽早完成竣工，而事实上与此恰恰相反，市场越热，开发商越倾向于拖延，新建住房竣工面积增长率越低，从而造成市场上新建住房供给不足，进而引致对二手住房的需求。分析认为，当市场过热时，开发商会有未来房价上涨的预期，在这种情况下，开发商拥有更多的话语权，同时也会倾向于未来买房，在这种情况下，一方面，开发商对拿到预售证卖出去的房子，也不用着急尽快竣工；另一方面，未拿到预售证的房子，开发商更不着急建设竣工，竣工后不卖、捂盘惜售会面临政府的监管，而不竣工就成了变相的捂盘惜售。图 6-13 中从上至下四条横线表示新建住房竣工面积增长率过大区间下限、合理区间上限、合理区间下限、过小区间上限的界限值，反映了市场行情过冷、偏冷、合理、偏热、过热的临界点。可以看出，一是新建住房竣工面积增长率波动较大，尤其是在二手住房市场活跃度变化时尤为明显。二是波动基本反映了市场的冷热情况，例如 2008 年、2012 年、2014 年新建住房竣工面积增长率均较高，相对应的年度住房市场也较冷；2009 年、2013 年、2015 年新建住房竣工面积增长率均较低，相对应的年份二手住房成交面积也较高，市场较活跃。因此，预计未来新建住房竣工面积增长率会低位反弹回升，但竣工绝对量仍将会是在低位徘徊。

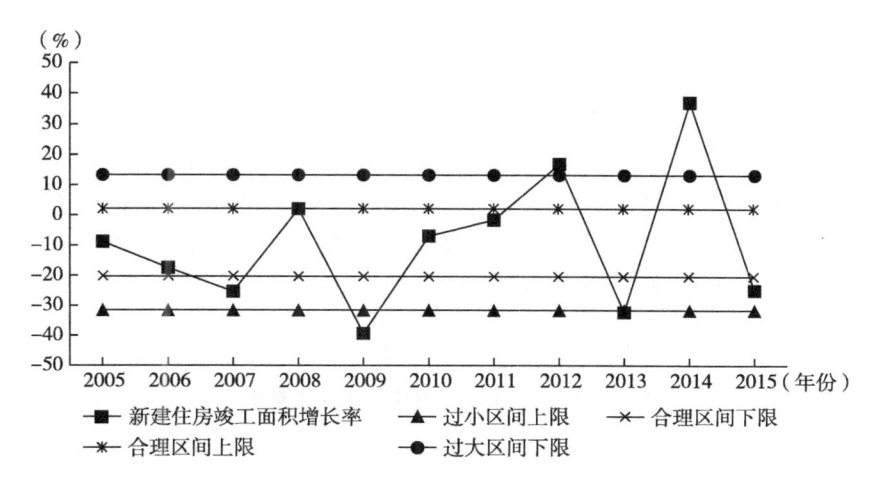

图 6-13 新建住房竣工面积增长警情情况

(三) 滞后指标警情情况

1. 二手住房价格增长率警情情况

二手住房价格增长情况,反映了二手住房市场的供求情况,当需求旺盛时,就会引致价格的上涨;反之,需求降低时,又会引起卖家降价抛售。同样,当二手住房价格涨幅过高时,也会降低购房者对二手住房的需求,转而购买新建住房。图 6-14 中从上至下四条横线表示二手住房价格增长率过大区间下限、合理区间上限、合理区间下限、过小区间上限的界限值,反映了市场行情过热、偏热、合理、偏冷、过冷的临界点。可以看出,一是总体上看二手住房价格多数年份是上涨的,在 2012 年涨幅高达 60%,分析认为这主要是由于 2009 年和 2010 年二手住房市场较热和价格相对较低而引起的价格报复式反弹。二是二手住房价格增长较低时的年份,往往是二手住房活跃度较高的年份,例如 2009 年、2010 年、2013 年、2015 年等,这主要是因为在价格增长较快时,会吸引更多购房者从新建住房市场转向二手住房市场,进而增加对二手住房市场的需求。经历过 2015 年二手住房市场过热后,预计未来几年二手住房成交价格涨幅会大幅扩大。

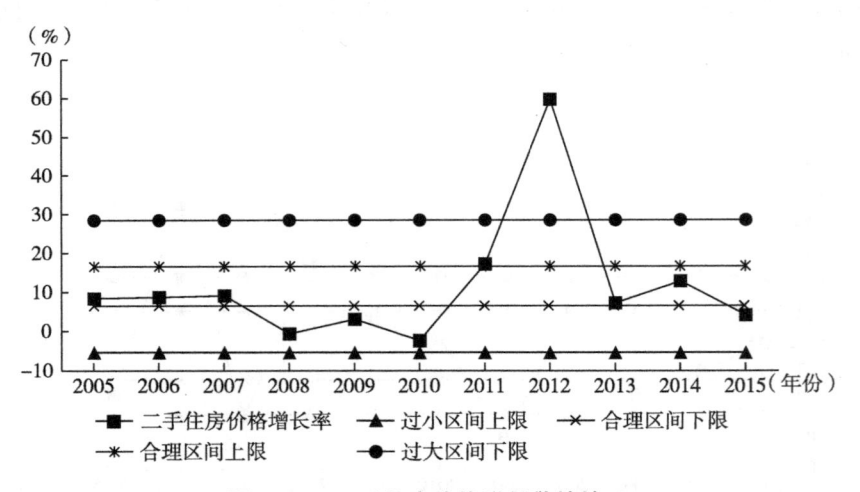

图 6-14 二手住房价格增长警情情况

2. 新建住房空置面积增长率警情情况

新建住房空置面积增长情况反映了新建住房市场的供需情况。通

第六章 深圳二手住房监测预警系统综合评价分析 | 153

常来说，当新建住房空置面积增长率较高时，表明住房市场出清不好，房屋没能及时卖出，而压在了开发商手里，此时新建住房可供选择性等更好，会吸引更多购房者从二手住房市场转向新建住房市场，进而降低对二手住房的需求。图6-15中从上至下四条横线表示新建住房空置面积增长率过大区间下限、合理区间上限、合理区间下限、过小区间上限的界限值，反映了市场行情过冷、偏冷、合理、偏热、过热的临界点。可以看出，一是新建住房空置面积增长率上下波动较大，2011年增幅最高达179%，而2009年降幅最大为47.5%。二是增长情况波动整体反映了二手住房市场的活跃情况，如2008年、2011年新建住房空置面积增长率较高，相应年份二手住房市场过冷或偏冷；如2009年、2013年、2015年新建住房空置面积增长率较低，相应年份二手住房市场过热或盘热。在政府严厉整顿市场秩序的背景下，像捂盘惜售等做法会受到严管，预计未来增长率会有所下降。

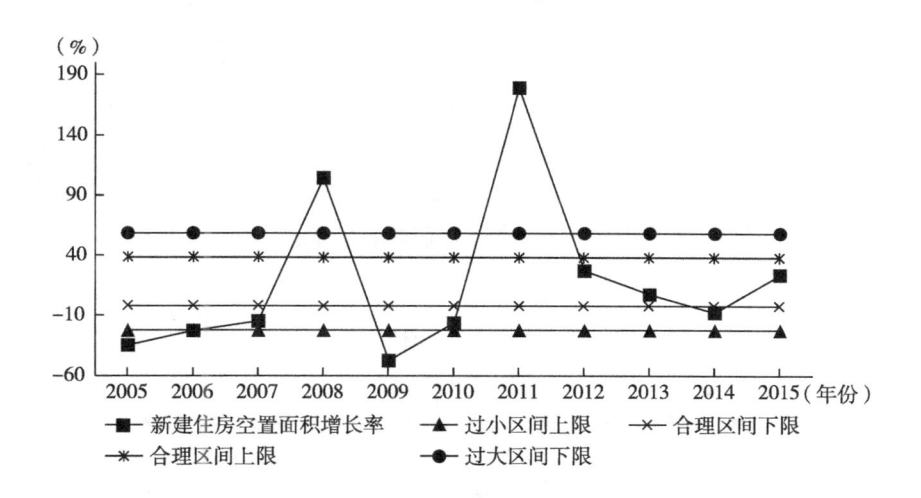

图6-15 新建住房空置面积增长警情情况

3. 住房用地出让面积增长率警情情况

住房用地出让面积增长情况反映了新建住房未来的供应情况，出让面积增长较大，则未来能够供应的新建住房也会更多，在可预期的情况下，购房者可能会放弃当前购买二手住房，以便于将来购买二手房或从新建住房市场购房。此外，政府即土地的供应者，同时也是房地产市场上的监管者和调控者，这就决定了政府需要根据市场进行逆周期调控，而政府的调控往往又具有时滞性。因此，在住房市场火热的时候，土地出让面积增长相对稳定乃至下降，而政府为稳定市场，会加大供给土地力度，但这一进程具有时滞性，等到土地出让完成后，此时市场或许已经降温了，而土地的大幅增加可能会加剧市场趋冷。图6-16中从上至下四条横线表示住宅用地出让面积增长率过大区间下限、合理区间上限、合理区间下限、过小区间上限的界限值，反映了市场行情过冷、偏冷、合理、偏热、过热的临界点。可以看出，一是住房用地出让面积增长情况波动较大，但整体契合本书的分析，如在经历了2009年、2010年连续两年的市场较为活跃后，土地出让面积在2011年大幅增加，而土地出让的大幅增加也加剧了市场趋冷。二是在2012年后土地出让面积呈连续下降趋势，尤其是在2015年下降幅度更大，分析认为住房市场的不景气会造成土地出让下降，反过来土地出让面积连续下降，会造成市场的供给不足（即便是每年度市场活跃度在低位徘徊），进而引起新建住房价格上涨，并迫使部分购房者转向二手住房市场，带动二手住房的需求，从而出现了2015年市场过热的情况。预计未来土地出让面积会有所增长，但二手住房市场的活跃度或有下降，但仍会在高位徘徊。

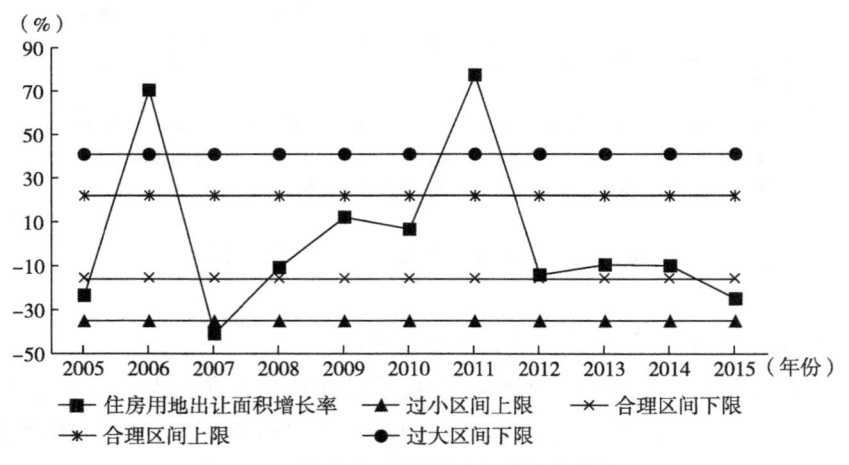

图6-16　住房用地出让面积增长警情情况

三 综合监测警情分析

（一）综合警情情况

综合警情情况反映了二手住房市场监测预警指标综合得分的变动情况，是对各个年度二手住房市场冷热、稳定等的一种判断，并据此发出预警，以便于政府采取措施，稳定二手住房市场。图6-17中综合警情情况曲线表示二手住房市场监测预警指标综合警情得分情况，从上至下四条横线表示综合警情过大区间下限、合理区间上限、合理区间下限、过小区间上限的界限值，反映了市场行情过热、偏热、合理、偏冷、过冷的临界点。可以看出，一是整体上看，在2010年前监测预警指标综合得分波动较大，随后除2014年综合得分下降外，总体呈上升趋势；二是综合得分波动情况总体上反映了二手住房市场的活跃度；三是11个年度中，有7个年份处在正常状态，过冷、偏冷、偏热、过热的年份各1个。

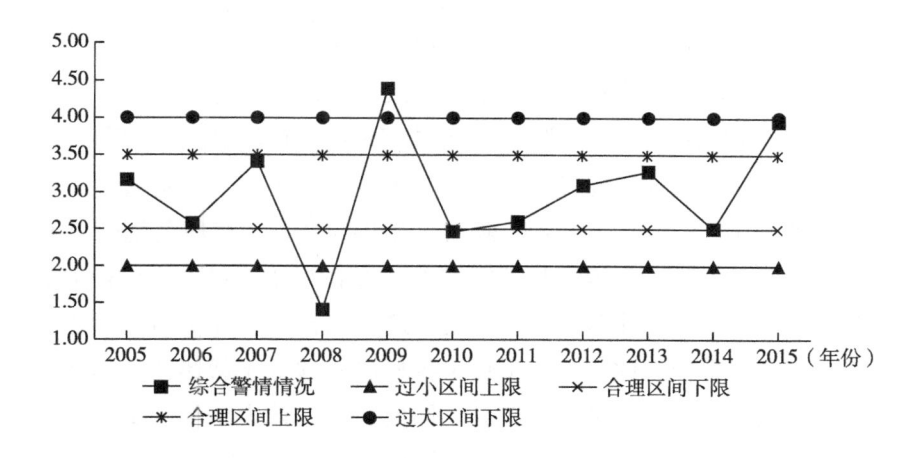

图6-17 综合警情情况

具体来看，一是2005年、2006年、2007年度监测预警指标综合得分处在合理区间，但仍然存在年度差别，例如2007年综合得分相对偏大，市场已有偏热倾向。从现实情况来看，二手住房成交量已连续三年增幅超过20%，成交均价连续三年涨幅在8%以上，虽然整体相对稳定，但在量价连涨三年，此时量价绝对量已达到较高水平，因此可以说在2007年二手住房趋向于偏热是正常的，也进一步说明本章的分析是正确的。

二是2008年综合得分过小，表明该年度二手住房市场过冷，分析认为，这一方面受国际金融危机影响，个人担心失业、收入下降等，企业担心市场下行，从而造成了市场普遍对未来预期悲观，进而造成对二手住房需求的减少，市场趋冷；另一方面在二手住房成交量和成交价格连续齐涨的情况下，政府也在出台调控政策，利率在不断提高，并达到了近年来的最高水平，因此哪怕是没有国际金融危机影响，也会造成市场的冷却。

三是2009年监测预警指标综合得分过高，二手住房直接从上年度的市场过冷跨入市场过热，分析认为，这主要是受国际金融危机影响，造成国家宏观经济下行倾向，在这种背景下国家出台了一系列政策，实施宽松的财政政策（国家4万亿元投资）和宽松的货币政策，利率下降了约1.6个百分点，极大地提升了市场信心，刺激了各类投资，造成了市场对二手住房的需求爆发式反弹，市场走热。

四是2010年综合得分偏小，表明二手住房市场偏冷，分析认为，在经历了上一年度的市场过热之后，为抑制房价上涨、市场过热，国家出台了"国十一条"（取消优惠）、"新国十条"（实施差别信贷），随后又出台了限购等政策，政策的推出并没有刹住新建住房价格上涨的势头，只是让新建住房成交量快速下跌，同样二手住房需求量也在快速下行，但即便如此，在二手住房价格涨幅远低于新建住房的情况下，二手住房绝对成交量仍然较高。因此，本章认为该年度虽然表面上市场趋冷，但实际上二手住房活跃度仍然较高，需要防范。

五是随后两年二手住房监测预警指标综合得分处在合理区间，表明此时市场较为稳定正常。分析认为，一方面，由于在市场普遍转热的情况下，国务院于2011年颁布了新"国八条"，以限购、限贷、限价等为核心的行政干预普遍实施，且在该年度人民银行采取了不断收紧的房地产信贷政策，总共采取了3次加息和6次上调存款准备金率，信贷政策日益收紧，从而造成了市场活跃度下降；另一方面，鉴于二手住房价格的滞后性，在新建房价格下跌的情况下，二手住房价格出现了大幅上涨现象。最终，在上述两个方面因素的影响下，二手住房出现了"量跌价涨"、市场活跃度较为合理的现象。

六是 2013 年和 2014 年综合得分处在合理区间，表明市场较为稳定、正常，但是实际上 2013 年二手住房市场更偏向于市场趋热，2014 年市场则偏向于市场趋冷。分析认为，2013 年倾向于市场趋热主要是因为受宏观基本面影响，深圳整体经济发展、收入水平等都在持续上升，在市场沉寂了两年后有短暂的小爆发是正常现象，而政府关键是要稳定市场预期，这样就不会让市场由爆发转向持续走热；而 2014 年市场趋冷，主要是受全国住房库存压力过大的影响，影响了市场预期，造成了二手住房活跃度下降。

七是 2015 年监测预警指标综合得分偏大，并接近于过大区间下限，表明二手住房市场明显偏热。分析认为在全国房地产下行和去库存背景下，货币政策不断宽松，利率下调，而深圳又是对市场反应敏感的城市，从而造成住房市场在 2014 年年底开始反弹，并于 2015 年出现持续"量价齐涨"的态势，二手住房量价也在不断上涨，活跃度不断攀升。伴随利率的继续下降，到 2015 年 11 月已降至历史最低水平，因此在上述因素作用下，预计二手住房市场仍然会保持量价齐涨的态势，加之二手住房价格上涨的滞后性，预计未来二手住房成交量降低的情况下，价格仍会继续上涨。总的来说，本章的监测预警指标综合得分所反映的市场情况，符合深圳二手住房现状。

（二）综合对比分析

图 6-18 中从上至下四条横线表示综合监测预警指标、先行指标、同步指标和滞后指标警情过大区间下限、合理区间上限、合理区间下限、过小区间上限的界限值，反映了市场行情过热、偏热、合理、偏冷、过冷的临界点。

就先行监测预警得分警情情况看，一是总体上先行指标所示的警情情况领先于综合监测指标警情情况，且这一效应在 2010 年后更为明显。二是先行指标领先情况易受大的经济波动或政策干预影响，例如在 2008 年、2009 年受国际金融危机影响，当年度几乎所有指标都

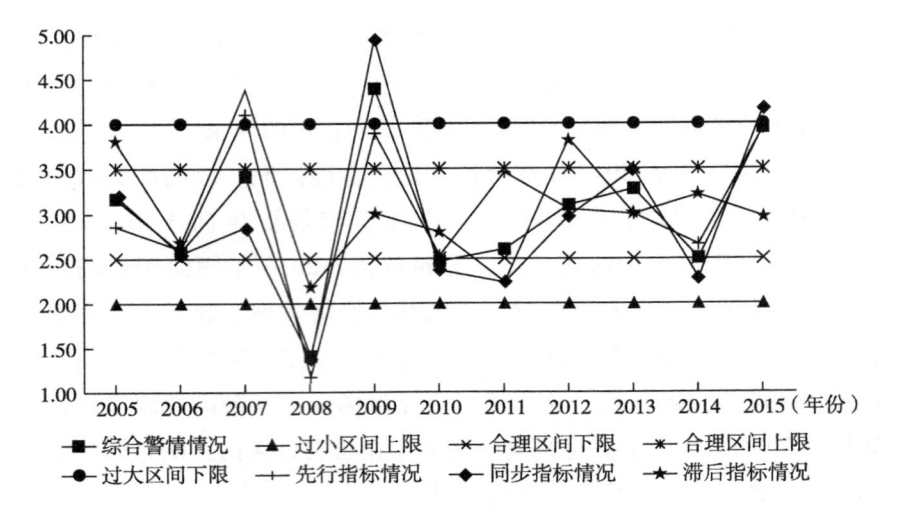

图 6-18 综合、先行、同步和滞后警情情况

快速下行，而后在国家政策的影响下，又都快速反弹，从而让先行指标领先警示作用不明显；2015年受国家去库存大背景影响，利率水平快速下降，也造成了二手住房市场迅速转热。三是因为鉴于数据的可获得性问题，本章研究所使用的是年度数据，这也造成了研究分析的局限性，毕竟有些经济指标反应较为灵敏，可能很快就会对市场做出反应，但由于是年度数据，就把这一现象平滑在年度内，若是月度数据，在趋势图中的领先现象可能会更明显，未来将加快这一方面的研究。

就同步监测预警指标得分警情情况看，一是同步监测预警指标警情得分情况与综合监测预警指标得分情况具有高度一致性。二是同步指标得分警情更为敏感，尤其是在不合理的范围内，同步指标所示的警情效应强于综合监测警情；而在合理区间范围内，同步指标警情得分又会低于综合监测警情得分。因此，在做监测预警分析时，可以同时关注同步指标和综合监测指标警情得分情况，以使分析判断更准确和市场能够及时得到调控规范。

就滞后监测预警指标得分警情情况看，一是滞后指标警情得分波动相对较小，二是由于是年度数据，其滞后效应并不明显。正常来说，做二手住房监测预警指标体系研究不需要关注滞后监测指标，但是本章认为滞后指标对二手住房来说仍然重要，其中二手住房价格相对二手住房活跃度就是滞后的，也就是说若不关注滞后指标，有可能出现二手住房量跌价涨的局面，也不利于市场稳定。

第四节 本章小结

本章在第五部分所构建监测预警指标体系的基础上，第一，基于 3σ 方法准则和选择原则，结合深圳二手住房市场形势以及各个指标所反映的市场情况，确定了各个监测预警指标警情区间。第二，利用主成分分析法确定了各监测预警指标的权重。第三，根据前文确定监测预警指标界限值和警情赋值标准，对所要研究的各个监测预警指标年度警情情况进行赋值，并依据已确定的监测指标权重，计算得出监测预警指标的综合得分情况以及先行指标、同步指标、滞后指标的得分情况；依据监测预警指标警情判断标准，确定了各个监测预警指标、综合指标、先行指标、同步指标和滞后指标警情情况；针对确定指标得分和警情判断情况，对各个监测预警指标走势、原因等进行详细、系统的分析；根据确定的监测预警综合警情得分和评判结果，结合各年度房地产市场走势和调控政策情况，对走势、异常原因等逐一进行翔实的分析；就先行指标、同步指标、滞后指标警情情况与监测指标综合警情得分情况进行对比分析，结果表明总体上符合经济现实，但是由于研究指标月度数据不可得，本章使用了年度数据进行了分析，一定程度上造成了研究效果没有预期理想。

第七章　结论与政策建议

第一节　结论

　　近年来，伴随我国房地产市场的快速发展，出现了两个比较明显的情况。其一，各个城市均积累了大量的住房存量，尤其是一线、二线等大城市尤为明显；其二，各个城市房地产价格快速上涨，远远脱离了大多数人的收入水平，并引发了广泛的社会舆论和部分专家学者的关注。上述情况也带来了巨大影响：一是存量住房的积累推动了二手住房市场的发展，且部分城市二手住房交易量已占多数，成为房地产市场的主要组成部分；二是房价的快速上涨，带来了巨大的金融风险和社会风险，由此也造成政府对房地产市场的调控政策出台不断，但没有达到理想效果。《中华人民共和国国民经济和社会发展第十四个五年规划和2035年远景目标纲要》明确提出，坚持房子是用来住的、不是用来炒的定位，加快建立多主体供给、多渠道保障、租购并举的住房制度，让全体人民住有所居、职住平衡。党的二十大报告进一步指出："坚持房子是用来住的、不是用来炒的定位，加快建立多主体供给、多渠道保障、租购并举的住房制度。"（习近平，2022）由此可以看出，加强对二手住房相关方面的研究，构建二手住房监测预警指标体系，并就监测警情情况进行分析，有利于政策的精准调控，避免调控政策主要关注新建住房的情况，抑制二手住房市场的投机、投资炒作，盘活存量住房，增加二手住房的市场的供给，充分发挥二手住房的过滤效应，满足不同居民的需求。本书旨在深入系统分析深圳二手住房的现状、特征、影响因素等，构建深圳二手住房监测预警指标体系，为加强二手住房监测预警调控、抑制二手住房市场的投机炒作以及避免调控政策主要关注新房提供了新思路，为增加二手住房供给主体、发挥二手住房过滤效应、满足不同居民的需求提供了理论支撑。主要研究结论包括六个方面。

第一，从理论和实践角度分析了以深圳为例构建的二手住房市场监测预警指标体系的可行性和优势。一是伴随我国房地产市场的发展，一线城市逐步进入以二手住房交易为主的房地产市场新时期，其中深圳是最早进入以二手住房交易为主的房地产市场新时期，北京、上海较晚，而广州仍然是以新建住房为主。二是深圳自2006年逐步进入以二手住房交易为主的房地产市场新时期，时间跨度最长，数据相对较全面，选择深圳为例研究分析和构建二手住房监测预警指标体系更优，也是可行的。

第二，从多角度研究分析了二手住房市场和新建住房市场之间的关系，为本书构建二手住房市场监测预警指标体系提供了良好的理论基础和实践参考。一是基于北上广深四个一线城市数据研究了影响二手住房市场的因素，一方面表明二手住房市场与新建住房市场之间存在强烈的联动关系，新建住房成交量的增长会显著促进二手住房成交量的提升；另一方面表明二手住房市场与新建住房市场之间关系复杂，即二手住房成交量与新建住房成交价格之间并不是单纯的线性关系，而是呈现显著的倒"U"形关系。二是以深圳时间序列数据和市内六区面板数据为例着重研究了影响二手住房市场波动的因素，一方面进一步表明二手住房市场与新建住房市场之间存在密切的联动关系，即新建住房市场走热会进一步带动二手住房市场走热；另一方面表明二手住房和新建住房之间互为替代产品，即新建住房成交价格的上涨会迫使部分购房者从新建住房市场流入二手住房市场，并增加对二手住房的有效需求。三是在数据选择上既有时间序列数据，也有面板数据，同时采用了逐步回归、面板回归、SYS-GMM等多种计量方法，总体上来看结果具有一致性，进一步证明了分析结果的稳健性和科学性。

第三，从多角度、多层面研究分析了影响二手住房市场波动的因素，为初步筛选二手住房市场监测预警指标提供了理论和实证依据。一是从区域角度来看，无论是多区域面板数据分析，还是单独区域时间序列数据分析，虽然选择的具体变量有一定的差异性，但是就实证结果来看，相似或同一变量在显著性和估计系数符号上均具有一致性，进一步说明了估计结果的稳健性和合理性。二是从选择的具体变量角度来看，二手住房市场遵守价格规律，二手住房成交价格提高会造成二手住房成交量的下降；新建住房供应量增加、房地产开发企业新建住房的投资增加等有助于整体上增加未来新建住房市场的供应量，会抑制二手住房市场的成交量的增加；城市基础设施投资的增加对二手住房市场的影响具有复杂性，分析认为，当投资倾向于改善旧城区环境、基础设施时，就会促进二手住房走热和成交量的增加，反之，当投资倾向于修建地铁、增强城市整体交通的通达性时，会促进购房者向新城区或远郊区等购房，从而降低了二手住房市场的热度；金融发展、经济发展水平、城市工资收入水平和常住人口数量的增长对二手住房市场具有促进效应，即有助于活跃二手住房市场和促进二手住房成交量的增加。

第四，基于二手住房监测预警指标选择的重要性、全面性、有效性、敏感性、可操作性原则，首先，利用综合分析法初步从7个方面选择了29个指标；其次，利用时差相关分析法确定二手住房市场影响的初选指标对备选指标影响的大小、时序；最后，根据影响大小、时序筛选确定了以16个指标为主体的深圳二手住房监测预警指标体系，即先行指标为新建住房价格增长率、新建住房可售面积增长率、人均消费支出增长率、财政支出增长率、房地产业增加值增长率、居民存款增长率、住房开发投资增长率7个，同步指标为二手住房成交面积增长率、新建住房成交面积增长率、消费者价格指数、年末贷款余额增长率、利率水平、新建住房竣工面积增长率6个，滞后指标为二手住房价格增长率、新建住房空置面积增长率、住房用地出让面积增长率3个。

第五，本书在构建二手住房监测预警指标体系的基础上，首先，利用 3σ 方法准则和选择原则，结合深圳二手住房市场形势以及各个指标反映的市场情况，确定了五个监测预警指标警情区间，即过冷、偏冷、稳定、偏热、过热五个区间，并赋予每个区间一个分值，分别为 1 分、2 分、3 分、4 分、5 分；其次，利用主成分分析法确定各监测预警指标的权重，计算得出监测预警指标的综合得分情况以及先行指标、同步指标、滞后指标的得分情况；再次，依据监测预警指标警情判断标准，明确判断各个监测预警指标、综合指标、先行指标、同步指标和滞后指标属于过热、偏热、合理、偏冷、过冷哪一个警情区间；最后，根据确定的警情得分和判断情况，结合各年度房地产市场走势和调控政策情况，对 16 个监测预警指标以及综合、先行、同步、滞后指标的走势、原因等进行详细、系统的分析。结果表明本书构建的二手住房监测预警指标体系总体上符合深圳房地产市场的现实和发展规律，虽然本书的研究指标的月度数据不可得，需使用年度数据进行分析，但是本书构建的二手住房监测预警指标体系及研究结论对其他城市开展二手住房市场监测预警仍然有借鉴意义。

第六，从总体上看，房地产市场的火热和房价的不断攀升是一把双刃剑，一方面，促进了经济发展，整体上改善了居民的居住条件；另一方面，也造成了财富分配极大的不平衡，抑制了社会的活力和创新力，不利于中国经济的整体转型和奋斗目标的实现，不利于可持续地满足人民对美好生活的需要。从成交量上看，深圳二手住房成交量占房地产市场交易的比重会继续稳步上升，在"房住不炒"的定位下，二手住房市场的发展将会更加成熟，二手住房在房地产市场中的作用将会进一步提高，其良好的过滤效应也会进一步得到充分体现。从成交价格上看，一方面，应加强对二手住房成交价格的监测，逐步引导二手住房市场的稳定，避免成交价格的大起大落，对整个房地产市场至关重要；另一方面，伴随房地产市场的稳中走弱以及新建住房房贷利率的大幅度下降，有必要针对前期"高利率贷款购房"的居民，降低其贷款利率，逐步和现有住房贷款利率持平，避免"提前还贷""转手交易"等不利于二手住房市场稳定现象的发生。

第二节 政策建议

本书研究不仅丰富了房地产、二手住房监测预警领域的研究文献，有利于普及加深社会对二手住房的认识，而且有利于政府采取更精准的措施调控包括二手住房在内的房地产市场。党的十九大报告指出"加快建立多主体供给、多渠道保障、租购并举的住房制度，让全体人民住有所居。"（习近平，2017）党的二十大报告再次强调指出"坚持房子是用来住的、不是用来炒的定位，加快建立多主体供给、多渠道保障、租购并举的住房制度。"（习近平，2022）二手住房已是深圳市房地产市场的主要组成部分，因此增加二手住房的供应主体，充分发挥二手住房市场的过滤效应，满足不同层次居民住房需求刻不容缓。本章研究所蕴含的具体政策建议包括六个方面。

一是要加强对二手住房市场研判，细化区分二手住房的供应和需求主体，对二手住房市场形成一个清晰的判断，房地产调控不能急诊急治。这一方面有利于政策调控精细化、精准化；另一方面有利于稳定市场预期，进而稳定二手住房市场。

二是细化调控单元、调控种类，调控政策需要更多地关注二手住房情况。经过多年的发展，深圳市二手住房成交量占总成交量的多数，已是房地产市场的主要组成部分。然而，根据本书分析，房地产市场调控政策仍然主要关注新建住房市场。因此，建议未来房地产市场调控能够细化调控种类，对新建住房和二手住房根据各自的特点有所区分和关注。

三是增加住房供应主体。当前深圳能够供应的土地越来越少，这也意味着新建住房供应也会出现下滑，尤其是核心城区。在这种情况下，建立"多主体供给住房制度"尤为重要，二手住房作为房地产市场的主体，从中挖潜就显得更为重要了。然而，当前我国房地产市场主要在流通环节征税，而在持有环节几乎没有什么成本，导致出现住房分布不均、使用效率不高等现象。因此，一方面应降低房地产流通环节税收，增加持有环节税收，充分刺激、挖掘存量住房，盘活二手住房市场；另一方面应加快对城中村小产权房、商务公寓、配套宿舍等进行确权，打通交易瓶颈。从上述两个方面增加住房供应主体，发挥二手住房市场的过滤效应，满足居民不同层次的住房需求。

四是加强对房地产中介机构的监管和引导。中介机构是二手住房市场保持活跃、顺畅的关键，因此中介机构持续发展是二手住房可持续发展的关键。然而，中介机构作为企业追求的是利益最大化，是帮助买方、卖方完成交易，从而也就出现了部分中介机构为实现目标不择手段。所以，一方面要加强对中介机构的监管，防范中介机构的违法违规行为，如发布假房源信息、违规帮助购房者办理各种贷款等；另一方面要加强引导，加强行业信用和自律管理，保护客户的合法权益，要防范中介机构是房价上涨的推手。

五是大力发展住房租赁市场。近年来，各地都在大力发展住房租赁市场，部分城市采取新出让或划拨土地建设住房用来租赁，但是对土地供应本就紧张的大城市较困难。因此，建议发展租赁住房市场，应以存量住房为主，以个人房源为主，以市场化方向为主。

六是大力推进二手住房市场化。通过本书分析可以看到，深圳等一线大城市二手住房已占房地产市场交易的主体，但是二手住房在成交量和成交价格方面的风向标作用并不明显，反倒是新建住房市场在引领着二手住房在内的整个房地产市场。因此，有必要大力推进二手住房市场化，充分发挥二手住房的定价作用，引领市场的变化。

总之，想要实现党的二十大报告提出的"坚持房子是用来住的、不是用来炒的定位，加快建立多主体供给、多渠道保障、租购并举的住房制度"（习近平，2022），让全体人民住有所居，住得更加美好，二手住房必须要有所贡献，一方面需要把脉二手住房，强化分类、综合施策，严格防范二手住房出现大的波动；另一方面降低流通环节税收，充分挖掘存量住房，大力增加二手住房供应主体，发挥中介机构活跃市场、促进交易的作用，使二手住房市场的过滤效应充分发挥，满足居民不同层次居住需求。

参 考 文 献

一 中文文献

习近平：《决胜全面建成小康社会 夺取新时代中国特色社会主义伟大胜利——在中国共产党第十九次全国代表大会上的报告》，人民出版社 2017 年版。

习近平：《高举中国特色社会主义伟大旗帜 为全面建设社会主义现代化国家而团结奋斗——在中国共产党第二十次全国代表大会上的报告》，人民出版社 2022 年版。

安辉、何萱、邹千邈：《中国房地产限售政策对房价的影响研究——兼论限售和限购的政策组合效应》，《中国管理科学》2021 第 8 期。

安辉、王瑞东：《我国房地产价格影响因素的实证分析——兼论当前房地产调控政策》，《财经科学》2013 年第 3 期。

白鹤祥等：《基于房地产市场的我国系统性金融风险测度与预警研究》，《金融研究》2020 年第 8 期。

曹琳剑、王杰：《房地产泡沫的测度预警及防范》，《中国房地产》2018 年第 12 期。

陈斌开、张川川：《人力资本和中国城市住房价格》，《中国社会科学》2016 年第 5 期。

陈峰：《中国房地产风险预警系统的缺陷及改进思路》，《统计研究》2008 年第 12 期。

陈立文、王荣、刘介立：《高速铁路对城市房价的影响研究——基于石武高铁面板数据的实证分析》，《资源开发与市场》2018 年第 10 期。

陈立中、胡奇、洪建国：《高房价对城市人才流失和高质量发展的影响》，《城市发展研究》2020年第12期。

陈日清、李雪增：《基于二值响应模型的房地产泡沫预警方法研究》，《统计研究》2007年第9期。

陈旭：《基于时差分析法的旅游经济运行预警指标筛选》，《生态经济》2013年第11期。

陈艳如等：《长三角一体化区域城市房价收入比时空分异格局》，《经济地理》2020年第12期。

邓金杰、仝德、李贵才：《城中村外来人口的购房意愿研究——以深圳为例》，《人文地理》2011年第5期。

丁烈云、李斌：《房地产市场预警调控系统的构筑技术要点及流程设计》，《系统工程理论与实践》2002年第4期。

东北财经大学宏观经济分析与预测课题组等：《构建多维框架景气指数系统的初步尝试》，《数量经济技术经济研究》2006年第7期。

窦尔翔、李洪涛、李昕旸：《中国房地产价格泡沫形成因素分析》，《中国社会科学院研究生院学报》2007年第1期。

樊纲、王小鲁、朱恒鹏：《中国市场化指数：各地区市场化相对进程2011年报告》，经济科学出版社2011年版。

高文林：《二手房价格评估的影响因素及方法选择》，《中国房地产》2012年第8期。

葛亮、徐邓耀：《房地产增量市场与房地产存量市场的互动机理分析》，《统计与决策》2007年第6期。

古恒宇等：《中国城市流动人口居留意愿影响因素的空间分异特征》，《地理学报》2020年第2期。

郭磊、王锋、刘长滨：《深圳市房地产预警系统研究》，《数量经济技术经济研究》2003年第7期。

韩立达、李明：《我国房地产预警系统的构建思路》，《生产力研究》2005年第10期。

韩艳红、尹上岗、李在军：《长三角县域房价空间分异格局及其影响因素分析》，《人文地理》2018年第6期。

何林浩：《住宅政策性金融最优规模：基于深圳住房市场的测算》，《统计与决策》2021年第24期。

何启志、李家山、李波：《房价、收入门槛效应与居民消费》，《统计与决策》2022年第13期。

洪源、郭平、梁宏亮：《地方政府收支行为对房地产价格的影响》，《经济与管理研究》2013年第1期。

胡健颖等：《中国房地产预警模型的建立与应用》，《统计研究》2006年第5期。

户彦超：《基于GWR模型的深圳市房价空间分异及影响因素研究》，硕士学位论文，哈尔滨工业大学，2019年。

黄锐、范继光、倪绍祥：《地价与房价关系的探讨——江苏省徐州市的实证研究》，《国土资源科技管理》2011年第5期。

黄志刚、许伟：《住房市场波动与宏观经济政策的有效性》，《经济研究》2017年第5期。

姜春海：《中国房地产市场投机泡沫实证分析》，《管理世界》2005年第12期。

蒋沁宏、周蕾：《基于重庆市二手房价格影响因素的灰色关联度分析》，《中国市场》2017年第34期。

焦继文、郭灿：《山东省房地产泡沫的实证研究》，《统计与决策》2012年第10期。

况伟大：《房地产税、市场结构与房价》，《经济理论与经济管理》2012年第1期。

况伟大：《预期、投机与中国城市房价波动》，《经济研究》2010年第9期。

李斌：《房地产市场预报预警系统建立过程中的误区及应注意的要点》，《中国房地产》2004年第2期。

李超、倪鹏飞、万海远：《中国住房需求持续高涨之谜：基于人口结构视角》，《经济研究》2015年第5期。

李晨：《基于因子分析法的中国房价影响因素分析》，《经济研究导刊》2010年第6期。

李崇明、丁烈云：《基于系统核与核度理论的房地产预警系统指标体系选取方法》，《数学的实践与认识》2005 年第 11 期。

李进涛、谭术魁、孙慧清：《基于同质面板因果检验的住宅增量与存量市场价格关系研究——以武汉市为例》，《科学·经济·社会》2009 年第 3 期。

李璐琼：《用 STATA 进行房价影响因素的分析》，《经济研究导刊》2018 年第 31 期。

李伦一、张翔：《中国房地产市场价格泡沫与空间传染效应》，《金融研究》2019 年第 12 期。

李汝资等：《中国城市土地财政扩张及对经济效率影响路径》，《地理学报》2020 年第 10 期。

李涛、熊志飞：《中国城市二手房市场"高价柠檬"悖论》，《南京理工大学学报》（社会科学版）2005 年第 4 期。

李啸虎：《城市房地产市场预警系统研究》，《统计与决策》2010 年第 1 期。

李颖丽、刘勇、刘秀华：《重庆市主城区住房价格影响因子的空间异质性》，《资源科学》2017 年第 2 期。

李云鹤等：《基于系统动力学的城市群商品住房价格收敛性研究——以京津冀城市群重点城市为例》，《建筑经济》2020 年第 S1 期。

梁云芳、高铁梅：《我国商品住宅销售价格波动成因的实证分析》，《管理世界》2006 年第 8 期。

梁云芳、高铁梅、贺书平：《房地产市场与国民经济协调发展的实证分析》，《中国社会科学》2006 年第 3 期。

刘贝贝：《我国房地产价格的影响因素——基于二手房数据的实证分析》，《山西财政税务专科学校学报》2015 年第 2 期。

刘成斌、周兵：《中国农民工购房选择研究》，《中国人口科学》2015 年第 6 期。

刘靖、陈斌开：《房价上涨扩大了中国消费不平等吗？》，《经济学》（季刊）2021 年第 4 期。

刘绍涛、张协奎：《租购并举、房价变动与住房市场发展》，《当代财经》2020年第3期。

刘水、陈暮紫：《中国城市房价波动扩散等级传递效应研究》，《地域研究与开发》2021年第4期。

刘晓欣、雷霖：《金融杠杆、房地产价格与金融稳定性——基于SVAR模型的实证研究》，《经济学家》2017年第8期。

刘修岩、李松林：《房价、迁移摩擦与中国城市的规模分布——理论模型与结构式估计》，《经济研究》2017年第7期。

刘亚臣、孙小丹、李丹：《基于控制图原理的沈阳市房地产预警系统预警界限的确定》，《工业技术经济》2009年第5期。

刘研、蔡洪伟：《浅析北京二手房交易资金监管模式》，《中国集体经济》（下半月）2007年第2期。

陆铭、欧海军、陈斌开：《理性还是泡沫：对城市化、移民和房价的经验研究》，《世界经济》2014年第1期。

路君平、陈希颖、成姝妍：《经济增速放缓时期住房市场需求动力分析——基于西安、湘潭、厦门居民购房意愿的因素研究》，《中国社会科学院研究生院学报》2009年第3期。

罗欣蟾：《上海房地产预警系统编制方法研究》，《统计科学与实践》2015年第2期。

毛小平：《购房：制度变迁下的住房分层与自我选择性流动》，《社会》2014年第2期。

倪鹏飞、杨慧、张安全：《中国房价预警指标体系构建与变动趋势预测》，《城市与环境研究》2015年第1期。

潘海峰：《货币政策、信贷与房价的非线性关系检验》，《统计与决策》2020年第18期。

潘文轩：《住房去库存中需求管理的局限性与供给改革的对策》，《经济纵横》2016年第6期。

潘雨红等：《高学历青年流动人口居住情况与需求特征研究》，《规划师》2013年第S2期。

裴育、徐炜锋：《中国家庭房产财富与家庭消费——基于CFPS数据的实证分析》,《审计与经济研究》2017年第4期。

彭翎:《城市房地产预警系统设计》,《中国房地产》2002年第6期。

皮舜、武康平:《房地产市场发展和经济增长间的因果关系——对我国的实证分析》,《管理评论》2004年第3期。

屈小博、王强:《城市住房价格异质性对家庭消费的影响——基于住户调查微观数据与住房成交大数据匹配的证据》,《城市与环境研究》2022年第2期。

沈体雁等:《北京市二手住宅价格影响机制——基于多尺度地理加权回归模型（MGWR）的研究》,《经济地理》2020年第3期。

沈悦、李博阳、张嘉望:《金融杠杆率、房价泡沫与金融稳定性》,《大连理工大学学报》（社会科学版）2020年第3期。

沈悦、李计国、王飞:《房地产市场风险识别及预警：文献综述及研究方向》,《经济体制改革》2014年第5期。

沈悦、刘洪玉:《住宅价格与经济基本面：1995—2002年中国14城市的实证研究》,《经济研究》2004年第6期。

师应来、王平:《房地产预警指标体系及综合预警方法研究》,《统计研究》2011年第11期。

施骞、王卫民:《住宅市场信息非对称问题研究》,《重庆建筑大学学报》2000年第4期。

石庆芳、樊帆:《房价对外商直接投资的影响分析——基于35个大中城市面板数据》,《建筑经济》2018年第1期。

石庆芳、樊帆:《货币供给、银行信贷对我国房价变动的影响》,《中国房地产》2017年第36期。

石忆邵、李木秀:《上海市住房价格梯度及其影响因素分析》,《地理学报》2006年第6期。

石忆邵、钱世芳:《上海人才住房政策：新定位与新策略》,《同济大学学报》（社会科学版）2017年第3期。

时文静:《基于Lasso与数据挖掘方法的影响北京二手房价格的因素分析》,硕士学位论文,北京工业大学,2017年。

宋春红：《我国二手房经纪市场效率研究》，博士学位论文，大连理工大学，2009年。

苏海龙、徐芳：《上海地铁8号线对城市住宅价格的时空效应定量研究》，《上海交通大学学报》2010年第12期。

孙彪、杨山：《多中心作用下大城市房价空间分异的特征及影响因素——以合肥市为例》，《长江流域资源与环境》2021年第7期。

孙伟增、郑思齐：《居民对房价的预期如何影响房价变动》，《统计研究》2016年第5期。

唐坚：《供需均衡视角下城市房价上涨动因分析》，《统计与决策》2019年第14期。

唐凯铃、陈铭聪、温雪莲：《我国城市居民二手房购买意愿的影响因素——基于多层线性模型的实证分析》，《调研世界》2021年第5期。

田霞、程辰：《二手房信息不对称问题研究》，《中国市场》2011年第36期。

王东、陈诗骏：《基于优化扩散指数法对房地产周期波动的研究——以深圳市为例》，《经济评论》2007年第5期。

王锋：《关于近十年来房地产市场与调控政策的思考与认识》，《当代经济》2011年第17期。

王丽艳、崔燚、王振坡：《政策干预、羊群行为与房地产价格波动》，《华东经济管理》2019年第3期。

王默：《基于信息不对称的住房二级市场信息成本研究》，硕士学位论文，清华大学，2009年。

王频、侯成琪：《预期冲击、房价波动与经济波动》，《经济研究》2017年第4期。

王玉芳、陶金梅、冯春：《基于空间数据挖掘的南京市二手房价格分析预测》，2019年江苏省测绘地理信息学会学术年会论文，江苏，2019年11月。

王岳龙：《地价对房价影响程度区域差异的实证分析——来自国土资源部楼盘调查数据的证据》，《南方经济》2011年第3期。

王岳龙:《房价与地价关系的再审视——基于土地招拍挂制度的一个博弈论解释》,《学习与实践》2010年第1期。

温福星:《阶层线性模型的原理与应用》,中国轻工业出版社2009年版。

吴超、刘鹏宇、聂可:《南京市房价与影响因素的多尺度空间关系分析》,《现代城市研究》2021年第4期。

吴航、窦尔翔:《抑制房地产市场"泡沫"的多重视角分析》,《经济学家》2007年第2期。

吴淑莲、冯叶青:《基于协调度模型的浙江省住宅业可持续发展评价及预警》,《中国房地产》2012年第12期。

吴婷婷、扈文秀、赵凡:《泡沫经济危机动态预警研究——基于房地产市场国际经验数据》,《预测》2018年第3期。

吴文佳、张晓平、李媛芳:《北京市景观可达性与住宅价格空间关联》,《地理科学进展》2014年第4期。

吴艳霞:《投机性房地产泡沫预警指标的构建及实证分析》,《预测》2008年第1期。

夏秋月等:《大数据背景下郑州市中原区二手房特征价格研究》,《地域研究与开发》2020年第1期。

向为民、曹莹:《基于供需理论的房地产金融风险预警及防范对策——以重庆市为例》,《重庆工商大学学报》(社会科学版)2023年第4期。

肖昕茹:《大城市青年流动人口购房意愿及其影响因素分析——以上海为例》,《上海经济研究》2014年第8期。

徐丹萌、李欣、张苏文:《沈阳市住房价格空间分异格局及其影响因素研究》,《人文地理》2021年第6期。

杨佃辉、陈轶、屠梅曾:《基于聚类分析和非参数检验的房地产预警指标体系选择》,《东华大学学报》(自然科学版)2006年第2期。

姚翠友:《基于灰色关联分析的北京市房价影响因素分析》,《首都经济贸易大学学报》2008年第1期。

叶艳兵、丁烈云：《房地产预警指标体系设计研究》，《基建优化》2001年第3期。

易宪容：《中国房地产市场过热与风险预警》，《财贸经济》2005年第5期。

余凯：《基于主成分分析和灰色预测方法的房地产预警体系研究》，《哈尔滨商业大学学报》（社会科学版）2008年第6期。

虞晓芬、湛东升：《中国70个大中城市房价指数空间格局与影响因素分析》，《华中师范大学学报》（人文社会科学版）2022年第1期。

袁晨、陈雪莉：《经济基本面、城镇人口改变与中国住房价格》，《中国人口·资源与环境》2016年第S1期。

袁志刚、樊潇彦：《房地产市场理性泡沫分析》，《经济研究》2003年第3期。

张红、孙煦、张洋：《房价上涨预期对逆向选择现象的抑制效应：来自二手房交易实验的证据》，《清华大学学报》（自然科学版）2015年第1期。

张建华：《浅析我国当前住房二级市场存在的问题及对策》，《商业研究》2002年第22期。

张莉、何晶、马润泓：《房价如何影响劳动力流动？》，《经济研究》2017年第8期。

张牧扬、陈杰、石薇：《交易环节税率差别对房价的影响——来自上海二手房数据的实证研究证据》，《财政研究》2016年第2期。

张晓晶、孙涛：《中国房地产周期与金融稳定》，《经济研究》2006年第1期。

张翼：《低收入群体的住房保障与信贷支持——基于住房过滤理论的分析》，《城市发展研究》2009年第5期。

张占平、胡丰印：《西安市二手房价格影响因素研究》，《技术与创新管理》2008年第2期。

张振勇：《论我国房地产市场预警系统的建立》，《工业技术经济》2011年第8期。

章霞、陈荣清、王志城：《成都市二手房区域优势度的空间特征分析》，《测绘科学》2013 年第 3 期。

章铮：《进城定居还是回乡发展？——民工迁移决策的生命周期分析》，《中国农村经济》2006 年第 7 期。

赵军：《基于 GIS 空间统计分析的区域房地产动态预警模型》，博士学位论文，中国地质大学（北京），2011 年。

周超：《基于灰色模型的房地产预警度分析及预测》，《商业时代》2011 年第 23 期。

周亮、周正：《基于时间序列的房地产价格指数预测方法探讨》，《哈尔滨商业大学学报》（社会科学版）2008 年第 2 期。

朱雅菊：《基于 LVQ 神经网络模型的房地产预警研究》，《陕西科技大学学报》（自然科学版）2011 年第 4 期。

祝仲坤、冷晨昕：《农民工城镇购房意愿及其影响因素》，《财经科学》2017 年第 3 期。

邹高禄等：《二手房价格对于住房特征和区位变化敏感性分析》，《西南师范大学学报》（自然科学版）2005 年第 3 期。

邹心怡、郝景亚、董金玲：《城市教育资源分布对居民购房意愿的影响——以江苏苏州市为例》，《商业时代》2011 年第 36 期。

二 英文文献

Abraham, J. M., Hendershott, P. H., "Bubbles in Metropolitan Housing Markets", *Journal of Housing Research*, Vol. 7, No. 2, 1996.

Akerlof, G. A., "The Market for Lemons: Quality Uncertainty and the Market Mechanism", *Quarterly Journal of Economics*, Vol. 84, No. 3, 1970.

Alkan O., Karaaslan A., Abar H., "Factors Affecting Motives for Housing Demand: The Case of A Turkish Province", *Theoretical and Empirical Researches in Urban Management*, No. 9, 2014.

Allen, F., Gale, D., "Bubbles and Crises", *The Economic Journal*, Vol. 110, No. 460, 2000.

Arellano, M., Bond, S., "Some Tests of Specification for Panel

Data: Monte Carlo Evidenee and an Application to Employment Equations", *Review of Economic studies*, Vol. 58, No. 2, 1991.

Barlevy, G., "A Leverage-based Model of Speculative Bubbles", *Journal of Economic Theory*, Vol. 153, No. 9, 2014.

Basher, R., "Global Early Warning System for Natural Hazards: Systematic and People-centered", *Philosophical Transactions of the Royal Society A: Mathematical, Physical and Engineering Science*, Vol. 364, No. 1845, 2006.

Black, J., Stafford, D. C., *Housing Policy and Finance*, London Routledge, 1988.

Blundell, R., Bond, S., "Initial Condition and Moment Restrictionsin Dynamic Panel Data Models", *Journal of Econometrics*, Vol. 87, No. 1, 1998.

Brooks, C., et al., "Testing for Bubbles in Indirect Property Price Cycles", *Journal of Property Research*, Vol. 18, No. 4, 2001.

Burgess, E. W., "The Growth of the City", *Chicago, IL: University of Chicago Pres*, 1925.

Case, K. E., et al., "What Have They Been Thinking? Homebuyer Behavior in Hot and Cold Markets", *Brookings Papers on Economic Activity*, 2012.

Case, K. E., Shiller, R. J., "The Efficiency of the Market for Single-family Homes", *American Economic Review*, Vol. 79, No. 1, 1989.

Ciarlone, A., "House Price Cycles in Emerging economies", *Studies in Economics and Finance*, Vol. 32, No. 1, 2012.

Denise, D., Willian, C. W., *Urban Economics and Real Estate Markets*, Prentice-Hall, 1996.

Di Pasquale, D., Wheaton, W., "Housing Market Dynamics and the Future of Housing Prices", *Journal of Urban Economics*, Vol. 35, No. 1, 1994.

Dipasquale, D., "Why don't We Know More about Housing Supply?", *Journal of Real Estate Finance and Economics*, Vol. 18, No. 1, 1999.

Duffy, D., et al., "Rising House Prices in an Open Labour Market", *The Economic and Social Review*, Vol. 36, No. 3, 2005.

Engle, R. F., Granger, C. W. J., "Cointegration and Error Correction Representation, Estimation, and Testing", *Econometrica*, Vol. 55, No. 2, 1987.

Fotheringham, A., Yang, W., Kang, W., "Multiscale Geographically Weighted Regression", *Annals of the American Association of Geographers*, Vol. 107, No. 6, 2017.

Friskovec. S., Janes, A., Tefan B., "Analysis of Factors of the Second-Hand Housing Prices in the City and Vicinity of Ljubljana", *Management*, Vol. 5, No. 3, 2010.

Garcia, L. G., Giannikos, C. I., Guirguis, H., "Asset Pricing and the Spanish Housing Market", *Journal of Housing Research*, Vol. 16, No. 2, 2008.

George, Fallis., *Housing Economics*, Toronto: Butterworth & Co. (Canada) Ltd, 1985.

Glaeser, E., Gyourko, J., Saiz, A., "Housing Supply and Housing Bubbles", *Journal of Urban Economics*, Vol. 64, No. 2, 2008.

Goldsmith, R. W., "Financial Structure and Development", *Yale University Press*, 1969.

Guo, H. L., et al. "Real Estate Confidence Index Based on Web GIS and SPSS Web APP", *International Journal of Project Management*, Vol. 25, No. 2, 2007.

Han D., Dai Y., Zhang Z., "Early Warning and Monitoring System of the Economic Situation in Real Estate Market", *Journal of software*, Vol. 8, No. 8, 2013.

Han X., "Housing Demand in Shanghai: A Discrete Choice Approach", *Chinese Economic Review*, Vol. 21, No. 2, 2010.

Heilbrun, J., *Urban Economics and Public Policy*, New York: St Martin's Press, 1974.

Helbich, M., et al., "Spatial Heterogeneity in Hedonic House Price Models: The case of Austria", *Urban Studies*, Vol. 51, No. 2, 2014.

Himmelberg, C., Mayer, C., Sinai, T., "Assessing High House Prices: Bubbles, Fundamentals and Misperceptions", *Journal of Economic Perspectives*, Vol. 19, No. 4, 2005.

Huang, Y., "Housing Tenure Choice in Transitional Urban China: A Multilevel Analysis", *Urban Studies*, Vol. 39, No. 1, 2002.

Hui, E. C. M., Shen, Y., "Housing Price Bubbles in Hong Kong, Beijing and Shanghai: a Comparative study", *Journal of Real Estate Finance and Economics*, Vol. 43, No. 4, 2006.

Hussain, T., et al., "Impact of Urban Village Disamenity on Neighboring Residential Properties: Empirical Evidence from Nanjing through Hedonic Pricing Model Appraisal", *Journal of Urban Planning and Development*, Vol. 147, No. 1, 2021.

Hza, B., Jie, C., Zhen, W. A., "Spatial Heterogeneity in Spillover Effect of Air Pollution on Housing Prices: Evidence from China", *Cities*, Vol. 113, No. 7, 2021.

Islam, K., Asami, Y., "Housing Market Segmentation: A Review", *Review of Urban and Regional Development Studies*, Vol. 21, No. 2, 2009.

Kaiser, R., "The Long Cycle in Real Estate", *Journal of Real Estate Research*, Vol. 14, No. 3, 1997.

Kalia M., "The Factors that Influence Customer Behaviour in Housing Market in Tirana", *Journal of Marketing & Management*, Vol. 4, No. 2, 2013.

Kumbhakar, S. C., Parmeter, C. F., "The Effects of Match Uncertainty and Bargaining on Labor Market Outcomes: Evidence From Firm and Worker Specific Estimates", *Journal of Productivity Analysis*, Vol. 31,

No. 1, 2009.

Lindh, T., Malmberg, B., "Demography and Housing Demand—What can We Learn from Residential Construction Data?", *Journal of Population Economics*, Vol. 21, No. 3, 2008.

Ling, D. C., Natanjo, A., "The Integtation of Commercial Real Estate Market and Stock Market", *Real Estate Economics*, Vol. 27, No. 3, 1999.

Liu, C. H., et al., "The Integration of the Real Estate Market and the Stock Market: Some Preliminary Evidence", *Journal of Real Estate Finance and Economics*, Vol. 3, No. 3, 1990.

Lori, Mardock, "Predicting Housing Abandonment in Central: Creating an Early Warning System", *Central Neighborhood Improvement Association*, Vol. 2, No. 5, 1998.

Lowry, I., "Filtering and Housing Standard: a Conceptual Analysis", *Land Economic*, Vol. 36, No. 4, 1960.

McCord, M., et al., "Spatial Variation as a Determinant of House Price: Incorporating a Geographically Weighted Regression Approach within the Belfast Housing Market", *Journal of Financial Management of Property and Construction*, Vol. 17, No. 1, 2012.

Mcnulty, J. E., "Over Building Real-Estate Lending Decisions, and the Regional Economic Base", *Journal of Real Estate Finance and Ecomomics*, Vol. 11, No. 1, 1995.

Monte, F., Redding, S. J., Rossi-Hansberg, E., "Commuting, Migration, and Local Employment Elasticities", *American Economic Review*, Vol. 108, No. 12, 2018.

Myatt, Eric., "Early Warning System Feasibility in the Hamline Midway area", *Neighborhood Planning for Community Revitalization*, 1999.

Pain, N., Westaway, P., "Modeling Structural Change in the UK Housing Market: A Comparison of Alternative House Price Models", *Economic Modeling*, No. 14, 1997.

Peng, R., Wheaton, W. C., "Effects of Restrictive Land Supply on Housing in Hong Kong: an Econometric Analysis", *Journal of Housing Research*. Vol. 5, No. 2, 1994.

Peshev, P., "Determinants of Interest Rate Spreads in Bulgaria", *Social Science Electronic Publishing*, Vol. 99, No. 10, 2015.

Quan, D. C., Titman, S., "Do Real Estate Price and Stock Prices Move Together? An International Analysis", *Real Estate Economics*, Vol. 27, No. 2, 1999.

Ronald, W., Kaiser, "The Long Cycle in Real Estate", *Journal of Real Estate Research*, Vol. 14, No. 3, 1997.

Roodman, D., "How to Do Xtabond2: An Introduction to Difference and System GMM in Stata", *Working Paper*, No. 103, 2006.

Salaj, A. T., "Fundamental Economic Factors That Affect Housing Prices: Comparative Analysis between Kosovo and Slovenia", *Management*, Vol. 9, No. 4, 2014.

Salaj, A. T., Ceric, A., "Guest Editorial", *Facilities*, Vol. 35, No. 7, 2017.

Suh, S. H., Kim, K., "Housing Market Early Warning System: The Case of Korea", *European Journal of Scientific Research*, Vol. 56, No. 4, 2011.

Tse, R., "Estimating Neighborhood Effects in House Prices: Towards a New Hedonic Model Approach", *Urban Studies*, Vol. 39, No. 7, 2002.

Vargas-Silva, C., "Monetary Policy and the US Housing Market: A VAR Analysis Imposing Sign Restrictions", *Journal of Macroeconomics*, Vol. 30, No. 3, 2008.

Wheaton, W. C., Nechayev, G., "The 1998 - 2005 Housing 'Bubble' and the Current 'Correction': What's Different this Time?", *Social Science Electronic Publishing*, Vol. 30, No. 1, 2008.

Wheaton, W. C., "Vacancy, Search and Price in a Housing Market

Matching Model", *Journal of Political Economy*, Vol. 98, No. 6, 1990.

Yao, J., Fotheringham, A., "Local Spatiotemporal Modeling of House Prices: A Mixed Model Approach", *The Professional Geographer*, Vol. 68, No. 2, 2016.

Yoon, W. J., Park, K. S., "A Study on the Market Instability Index and Risk Warning Levels in Early Warning System for Economic Crisis", *Digital signal processing*, Vol. 29, No. 6, 2014.

Yu, H., et al., "Inference in Multiscale Geo graphically Weighted Regression", *Geographical Analysis*, Vol. 52, No. 1, 2019.

Yunus, N., Hansz, J. A., Kennedy, P. J., "Dynamic Interactions Between Private and Public Real Estate Markets: Some International Evidence", *The journal of real estate finance and economics*, Vol. 45, No. 4, 2012.

Zetland, D., "The Real Estate Market Index", *Real Estate Finance Journal*, Vol. 26, No. 2, 2010.

Zezhou, H. A., et al., "Spatial and Hedonic Analysis of Housing Prices in Shanghai", *Habitat International*, Vol. 67, No. 9, 2017.

Zhang, Z., et al., "Multiscale Geographically and Temporally Weighted Regression with a Unilateral Temporal Weighting Scheme and its Application in the Analysis of Spatiotemporal Characteristics of House Prices in Beijing", *International Journal of Geographical Information Science*, Vol. 35, No. 11, 2021.

后　　记

本书的写作缘起于2016年我在深圳市房地产评估发展中心工作。当时我主要从事房地产市场监测预警、政策调控与宏观经济方面的研究工作，先后参与或承担深圳市和国家部委房地产市场研究相关课题多项，聚焦深圳市情况，从宏观、中观到微观进行了系统的研究分析，撰写了多篇研究分析报告；聚焦全国房地产市场情况，对全国300多个城市的房地产市场交易数据进行了梳理分析；同时，密切关注主要城市的房地产市场情况，及时跟踪研判房地产市场形势，撰写相关研究报告数十篇。在研究过程中，形成了《二手住房市场监测预警指标体系研究——以深圳市为例》这一选题，也契合了二手住房在核心城区逐渐成为房地产市场交易的主流这一趋势。

2020年年底，我到山东省委党校工作，虽然不再直接从事房地产市场监测预警方面的研究工作，但是仍然关注房地产市场变化，并聚焦新形势撰写了多篇研究分析报告，也进一步完善了原来的书稿。当前，加强对二手住房市场监测预警调控，充分发挥二手住房市场的过滤效应，探索新的发展模式，对推动房地产市场健康平稳发展至关重要，也是推动宏观经济从过去的"地租经济、地产经济"转向"数字经济、数据经济"的关键。

本书在写作和出版过程中，得到了很多人的指导、帮助和支持，在此表示感谢。首先感谢指导老师王苏生教授，在最初的选题、写作论证等期间，多次提出中肯的建议，王老师专业功底深厚、治学严谨，开明的育人风格让我终身受益。非常感谢指导老师王锋研究员，王老师是房地产方面著名的专家学者，长期深耕房地产市场研究工作，对本书的选题、框架拟定、调研和最终完成等，都给予了悉心指

后 记

导，让我对深圳市乃至全国的房地产市场有了更深刻的认识，对理论和实践相结合有了很大的启发。感谢我所在单位给予的支持与鼓励，该书为中共山东省委党校（山东行政学院）科研支撑项目的阶段性成果。特别感谢中国社会科学出版社李斯佳女士的辛苦付出，对书稿进行审阅修改。要感谢的人还有很多，无法一一言述，惟有真诚地道一声谢谢！

"房"作为亘古以来"衣食住行"四大需求之一，诗圣杜甫写诗感叹"安得广厦千万间，大庇天下寒士俱欢颜"，针对房地产市场进行研究是一个恒久远又纷繁复杂的课题，但是其目标只有一个，那就是如何更好地推动房地产市场健康平稳发展、满足人民日益增长的美好生活需要。由于笔者理论水平和拥有数据资料的限制，本书难免有疏漏、不足之处，恳请专家同行和读者朋友批评指正。

石庆芳
山东省委党校燕山校区
2023 年 10 月